關西男×男自由行

關西G遊觀光連盟 著

目錄

contents 目錄

在搜刮藥妝店眼藥水與瞎嗑金龍拉麵之前

在台灣出書、譏笑台灣人素質沒有日本人高的「台灣暢銷作家」青木由香帶給我們的啟示是：有些人對異國的喜愛是畸形變質的。她口中的「喜愛台灣」，是「喜愛在台灣以高姿態享受優越感的自己」。那也是一種「喜愛」。

藉著這趟關西之旅，再一次檢視我們對日本（人）的喜愛究竟是什麼吧。

除了一貫的清潔感、有禮、以「不讓對方困擾」為行動基準等基本特質之外，關西男子讓人喜愛的是，多數的他們不急著去區分1或0，不亂貼哥弟姊妹之類的無聊標籤，認識一個人從「你是什麼樣的人」開始，而不是以「你的肛門」或「你的娘度」去評判。可以在bar聽聽他們說話的姿態和節奏，觀察他們如何與人有分寸地互動；可以在發展場感受他們如何釋出想像力與熱情，感受習慣敏銳纖細的他們如何撫摸、如何掌控節奏、如何專心營造一段愉悅的時光，不靠多餘言語、一切對話交給身體的本事。

願您和關西男子們有段難忘的遭逢。

本書的交通路線設定讀者使用私營鐵路共通的「關西周遊券」（JR不可使用），並完全將JR路線排除，一是因為京都的G遊點JR到不了，二是因為我們覺得搭JR的「貨物般的運送感」很令人難受，少了一種關西私鐵特有的閑情逸致。

熟悉關西的朋友可能會覺得有些「更有名的地方」我們並沒有提及，例如「SPA WORLD」；但那些仍以一般人為主要使用者的地方，立場上我們不能鼓勵您去「發展」。本書介紹的溫泉、海岸等地因圈內人比例極高，連當地人都已將這些場所與發展畫上等號，才列入了我們的介紹名單。

店家何其多，挑來選去，只盼能盡可能滿足每一位讀者。我們願藉此書助您創造一趟豐富旅程，和關西男子們有更深刻的互動，了解彼此更多，建立更誠摯的友誼。多體會一些、多認識一些、多欣賞一些，就不會把自已搞得像青木由香的言語那般散發著粗鄙狹隘的傲慢腐臭——我們很習慣了的台灣恐同社會的腐臭。

關西G遊觀光連盟

關西同志地圖
分區概覽

「關西」所指的，是日本的中央位置的「大阪、京都、兵庫、滋賀、奈良、和歌山」這兩府四縣，本書集中介紹旅行必經、同志旅遊點也最多的「大阪、京都、神戶（位於兵庫縣）」三地。

在「京、阪、神」關西三大城市中，大阪的同志景點最多，種類也最豐富。大阪的三大同志聚落依規模大小分別是：「梅田（堂山町）、難波、新世界」，堂山町的同志相關店家，估計有近230家，難波約60家，新世界約有30家。因此本書對大阪做了較為詳盡的介紹。

由於交通便利，京阪神三地都在一天來回的範圍內，旅行者一般都選擇住宿在大阪的飯店，當中的幾天前往京都或神戶，然後晚上再回到大阪。您可以靈活運用本書，先查詢各種party或活動舉行的日期時間，更有效率且充實地安排您的行程。

關西各地區的氛圍與性格分明，因此本書主要以地域為分隔方式介紹，其中大阪的梅田（堂山町）由於店家數量眾多、分布密集，顧及您閱讀和使用上的便利，我們依照場所屬性，分成四章來做介紹，期盼您能盡情體驗不同地域帶來的不同感受。

京阪神G遊
主要電車交通圖
含大阪市營地下鐵・不含JR

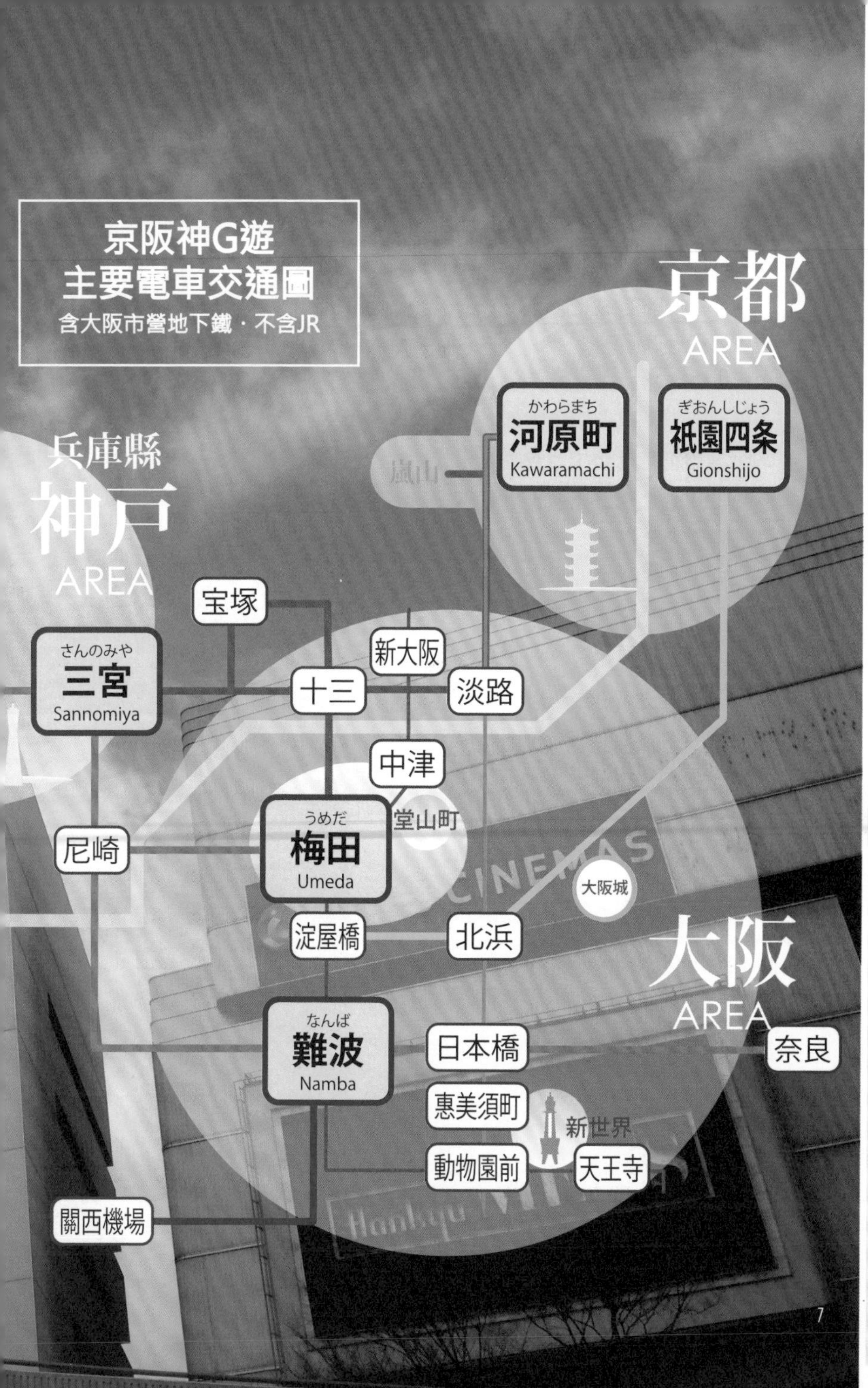

京都 AREA

かわらまち
河原町
Kawaramachi

ぎおんしじょう
祇園四条
Gionshijo

嵐山

兵庫縣
神戸 AREA

宝塚

さんのみや
三宮
Sannomiya

新大阪

十三

淡路

中津

うめだ
梅田
Umeda

堂山町

尼崎

大阪城

淀屋橋

北浜

大阪 AREA

なんば
難波
Namba

日本橋

奈良

恵美須町

新世界

動物園前

天王寺

關西機場

大阪／梅田+中津

（見本書第29頁）

大阪，關西的最大城市。梅田，大阪最繁華的地區。

電車總站、高樓與人潮、迷宮般的巨大地下世界，是梅田的圖像。進軍台灣的「阪急百貨」總店，就堂堂地聳立在梅田中央，寬闊而氣派，展現大阪自古以來雄厚的商業力量。

站在梅田街頭，你看得到的「同學」模樣的人幾乎都是往G聖地──「堂山町」方向走去。新興的堂山町因梅田的商業發展而繁盛，不只是關西當地人，外地的日本圈內人來到大阪也都先到這一帶「打卡」，無疑是因為它是西日本最大的Gay Town。關於梅田與堂山町，稍後有更詳盡的介紹。

「中津」與梅田只有一站地鐵的距離，其實可視為同一個區域。雖非熱門，但因知名GV公司在此開設直營商店與發展場，地位因而躍升；也由於位置優越，光這一帶就有五、六間大型商務飯店，許多前來出差的商務人士都在此住宿。因此，若你也正好住宿在這幾家飯店，就很有機會在交友軟體或網路上遇見同一飯店的人，可說是西裝男愛好者的「成功」捷徑。

大阪／難波與其他

（見本書第144頁）

觀光書上必有的「跑步男」霓虹招牌、道樂大螃蟹、道頓崛、日本橋、心齋橋、美國村……等都位在難波周邊，是觀光客的樂園，購物者的天堂。

在久遠的過去，難波自歌舞伎劇場衍生出以美少年接待、並供客人玩樂的男色文化，後來更演變成販賣男娼的「若眾茶屋」文化；道頓崛的男娼風行，在史料中也有記載。

相對於梅田的「北（Kita）」，難波一帶稱為「南（Minami）」，比起「北」來感覺更為歡樂、隨性而無拘束。年齡層以「北」較低，「南」較高，一般來說最低到30歲左右，最高則沒有上限，到了某些店家，店內唱的卡拉OK幾乎都是演歌了。但仍然有20代店主經營的年輕店，定位清楚的發展場中也是20代～30代的天下。

距難波約1公里遠的「新世界」，情色產業發展極早，在二十世紀中期即有男男發展旅館。本書介紹的難波店家多為Gay Bar與中小型發展場，新世界則為大型三溫暖和同志色情電影院。

京都（見本書第176頁）

在京都，連空氣的流動方式都與大阪大不相同。甚至連塞車的塞法都不同。

千年之都的歷史，造就京都獨一無二的氣質與風采，對日本各地的人來說都是重要而可敬的存在，亦不會用類似「天龍國」這種心態可議又缺乏建設性的言語去形容她。一般旅遊書不愛寫的小巷弄與小店家，常常真正地表現出當今京都的色彩，值得慢遊探尋。

JR京都車站附近除了一兩家玩起來偷偷摸摸不痛快又常出問題的一般浴場，沒有什麼G遊點。請動身搭乘205系統公車前往京都的繁華街──「（四条）河原町」。京都的代表風景「鴨川」悠悠地流過該區域，能在鴨川沿岸散步，是日本情侶們的夢想；與它平行的小運河「高瀨川」沿岸Gay Bar林立，水光夜色相互輝映，夠你開心一整晚。河原町對岸一帶在古早時代，曾因發展男色花街文化而興盛，川流潺潺，無形地牽繫起了今與昔的男慾世界。

神戶（見本書第190頁）

就像橫濱與長崎，在神戶可以深刻感受到多國文化融合的神奇，而且絕不是德國餐廳旁開一家中華包子店那麼簡單；六甲山上呈現的夜景美到令人掉淚，是日本三大夜景之一；海港城市旅行的深度和高度，都在神戶輕鬆實現了。

阪神、阪急、JR，三條電車線路的發達，把神戶和大阪市區的距離拉得更近，最快只需30分鐘即可互達，這讓神戶的同志消費文化無法蓬勃發展到大阪那樣的地步，有的店家甚至在街上堂堂擺出「Gay Bar」招牌，招攬一般非同志顧客，形成奇特的風景。

Gay Bar們因為這樣的背景競爭激烈，淘汰迅速，能在這樣境況中勝出並延續多年的店家必有其本事，不妨一探。其中「三宮」是神戶市最為繁華的商業地區，人們多持有高水平的時尚意識，走在三宮乾淨明亮的街上，不難看到好似從時裝雜誌走出來的潮男。

好きやねん*、關西男子。

*「好きやねん」＝大阪腔的「好喜歡你」

「用手指對大阪人做開槍動作的話，對方會很配合地做出中彈的反應。」想必不少人對電視節目中這樣的介紹，感到印象深刻吧。雖說那通常是因為眼前的攝影機引發了他們的表演慾（所以可別對街上的陌生人亂開這種玩笑），但這種「娛樂精神」確實反映了關西人性格與行動的基底。活潑、率真、有人情味，是許多去過關西地區旅行的人們的共同感受。

各地關西男子性格特徵

大阪男子——

搞笑、直爽、自然不矯情、精打細算

「大阪＝搞笑」的印象深植日本人心，令人開心的大阪男子也是很多日本女性期望的交往對象。也許您聽說過「日本人說話拐彎抹角，摸不清到底想說什麼」這種說法，然而這在率直的大阪男子身上是不太會發生的。

京都男子——

優雅好氣質、心思縝密、言語謹慎

京都男子散發出一股古都獨有的尊貴氣息，注重禮節和儀態，不急躁、不誇大。雖然某些大聲喧嘩、姿態不端莊、邊走邊吃的外國觀光客常讓他們皺起眉頭，但他們仍會溫和有禮地微笑。

神戶男子——

品味高、對流行敏感、親切體貼、習慣外來的人事物

想知道衣服該怎麼穿，問問品味的代名詞——神戶男子的意見吧。他們熟知優質的約會地點，對甜點也多有研究。外來文化是日常生活的一部分，對於外國人習以為常，少有歧視。

你來我往～關西男子們的互動模式

看《男女糾察隊》（ロンドンハーツ）節目中那些關西出身的搞笑藝人們的逗笑技巧，便可知曉關西男子的溝通默契：兩人對話中總有一方故意裝傻、出錯，留出一個可以讓對方吐槽的點，而吐槽的那一方總可精準地感知對方丟出的球，在最巧妙的時機吐槽回來。一段對話裡就像相聲一樣不斷地這樣丟梗、接招，似乎是關西男子生來就具有的本事。

但這種「吐槽vs.被吐槽」是一種「與對方一同創造對話樂趣」的技術和默契，絕不是像台灣某些名主持人那樣用刁鑽惡語揶揄對方、令人受窘，看似伶牙俐齒，實則刻薄無德，可別搞

錯了。另外，不必勉強自己搞笑；對搞笑抱持嚴格標準的關西人遇上半調子的搞笑，可是會迅速冷掉的。

關西男子與關西腔

關西男子說話時帶有含著豐富感情的關西腔，不少日本人覺得那是一種性感，聽到關西男子說話就心跳加速、深感魅力而被吸引。日本人對關西腔抱持的是一種「歡樂帶勁」的既定印象，就連以關西機場為據點的樂桃航空，機內廣播感謝詞說的也不是「阿里阿多」，而是關西腔的「おおきに（OOKINI，感覺近台語的「多謝」）」，傳達濃密的親切感。在本書最末的「日語會話教室」單元，就提供給您關西腔中最具代表性的大阪腔方言，出遊前不妨勤加練習，為您和關西男子的友誼加注潤滑效果！

關西出身的代表性名人有誰？

村上春樹（作家）
手塚治虫（漫畫家）
平井堅（歌手）
槇原敬之（歌手）
ケツメイシ的大蔵（歌手）
秋山成勳（總合格鬭家）
石井慧（柔道運動員）
中西學（摔角運動員）
小林劍道（藝人）
藤井隆（藝人）
春菜愛（藝人）
杉本彩（藝人）
松浦亞彌（歌手）
倖田來未（歌手）

關西四季賞男提案

從清純高校生到運動系猛男，從微露胸膛的夏日浴衣男，到赤條條燒滾滾的泡湯男，關西的每一季都讓你流連忘返！

春 夙川賞櫻＆制服高校生

「夙川」位於兵庫縣西宮市，由六甲山地發源流入大阪灣，沿岸的「夙川公園」全長3公里，種植約1600株的櫻花樹，是極負盛名的賞櫻勝地，每到三月下旬吸引眾多賞櫻客前來。這一帶給人的印象是「有錢人家很多」，環境優美；「夙川」沿岸有數間學校，優質的學生或穿傳統黑色制服「詰襟」、或穿深色西裝打領帶，或打完球穿著運動服露出青春的膚色，三三五五走在河岸櫻花樹下，簡直是漫畫中的夢幻場景再現。

從梅田前往夙川搭乘電車只需要約15分鐘，是對外國旅行者來說最為方便的賞櫻地點。阪急電車、JR與阪神電車皆可前往，但阪急電車車站位於沿岸最上坡之處，因此視野最佳，順坡走下十分輕鬆，能看到的櫻花量也最多，車站的賣店並出售各種賞櫻用具；建議搭乘阪急電車神戶線「特急（紅色牌）」前往至「夙川」站下車。

夏 京都鴨川納涼＆浴衣男子

日本男子穿著浴衣時，小敞前胸、手持小包、露出雙腳與隱約可見的臀形，強烈透出一股令人心跳的性感。在日本沒有比京都能名正言順穿著浴衣的地方了；夏季的京都祭典與花火大會頻繁地舉行（可參考本書第219頁的日程表），可愛的浴衣男子們在身邊穿梭，目不暇給。

原本就是人氣約會地點的「鴨川」沿岸是全國知名的京都納涼勝地，數百年歷史的「納涼床」（河岸上搭台露天飲食）更是京都的代表風景。遇七夕等特殊節日時浴衣男子大量出籠，腳穿木屐、手搖扇子漫步於河岸，性感的身姿令人心曠神怡。

想要化身為浴衣男子，在京都也非常容易，很多店家專門為外地人在浴衣季節提供浴衣出租的貼心服務；各家Gay Bar也紛紛舉行浴衣大會，人人穿浴衣狂歡，十分有趣。或許您會問：穿浴衣時下面穿什麼？對Gay來說最佳的選擇當然是「褌」了！幻想一下外著浴衣內著「褌」的感受，是不是有種莫名的興奮湧上心頭呢？

秋 「運動之秋」＆運動男子

季節感分明的日本，進入秋季後明顯涼爽，「運動之秋」的概念非常盛行，大小學校舉行運動會，並定十月第二個週一為「體育之日」。秋季也是各運動項目賽事的高潮，圈內的人氣項目如柔道、羽球、美式足球等都在秋季舉行全國性大賽；而在關西地區擁有專門球隊的大學眾多，比賽場地設施也很充實，在舉行全國大賽時聚集了各地運動員。

台灣少見的美式足球賽也值得一看。位於原大阪萬國博覽會場的美式足球場EXPO FLASH FIELD（大阪單軌電車「萬博紀念公園」站）賽事很多，在九月和十月幾乎每週末都有大學生比賽，體格壯碩的學生們集體移動時場面壯觀。

即使不觀看比賽，圈內人也常在大阪長居第二競技場（地下鐵御堂筋線「長居」站）、京都西京極運動公園（阪急電車京都線「西京極」站）等公共運動場地活動。

錢湯溫泉＆入浴男子

稱為「錢湯」的公共浴池在日本十分常見，冬天到住家附近的錢湯入浴更是稀鬆平常，但如果這錢湯附近有大量大學生宿舍，而且是擁有球隊或運動社團的大學呢？

當地圈內人也喜歡到這樣的錢湯去進行眼睛的保養。與一具具長期運動鍛鍊出的青春肉體，同在一個浴池中泡澡，要能不睜眼猛瞧吞口水，恐怕需要相當的矜持。

在這裡推薦的是觀光客必去，就位在京都金閣寺旁的「金閣寺湯」（京都市公車「金閣寺道」站）。因為鄰近擁有許多運動社團與球隊的立命館大學，傍晚開始遇到運動結束後前去洗澡的大學生機率很高。從《金閣寺》看三島由紀夫描寫對美的渴求，再從「金閣寺湯」看青春肉體展示金鳳凰般的高傲，實實在在感受男體的魅惑。

本書使用說明

本書精選55處第一次造訪大阪、京都、神戶、名古屋，不可不去的同志消費場所和各種活動，如酒吧、舞廳、發展場、三溫暖、書店及商店、派對、音樂會、裸祭等等。由於針對男同志旅遊需求打造，一般觀光景點如購物、美食、名勝古蹟等，不在本書主要介紹範圍之列。如果您是第一次前往，建議另購一本隨身旅行工具書，搭配本書閱讀與使用。

場所屬性

酒吧

舞廳、派對

三溫暖

發展場

電影院／Video Box

餐飲、咖啡

游泳池、海灘

美容院

書店、商店

溫泉

戶外

同志中心

客群特色

肌肉／壯男

熊族

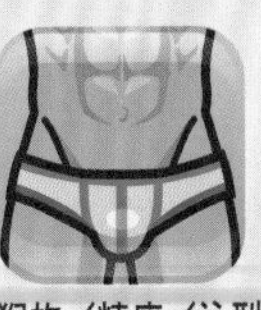
猴族／精瘦／泳型

學生

上班族

女裝愛好

熟齡

在地人

觀光客

本書使用說明

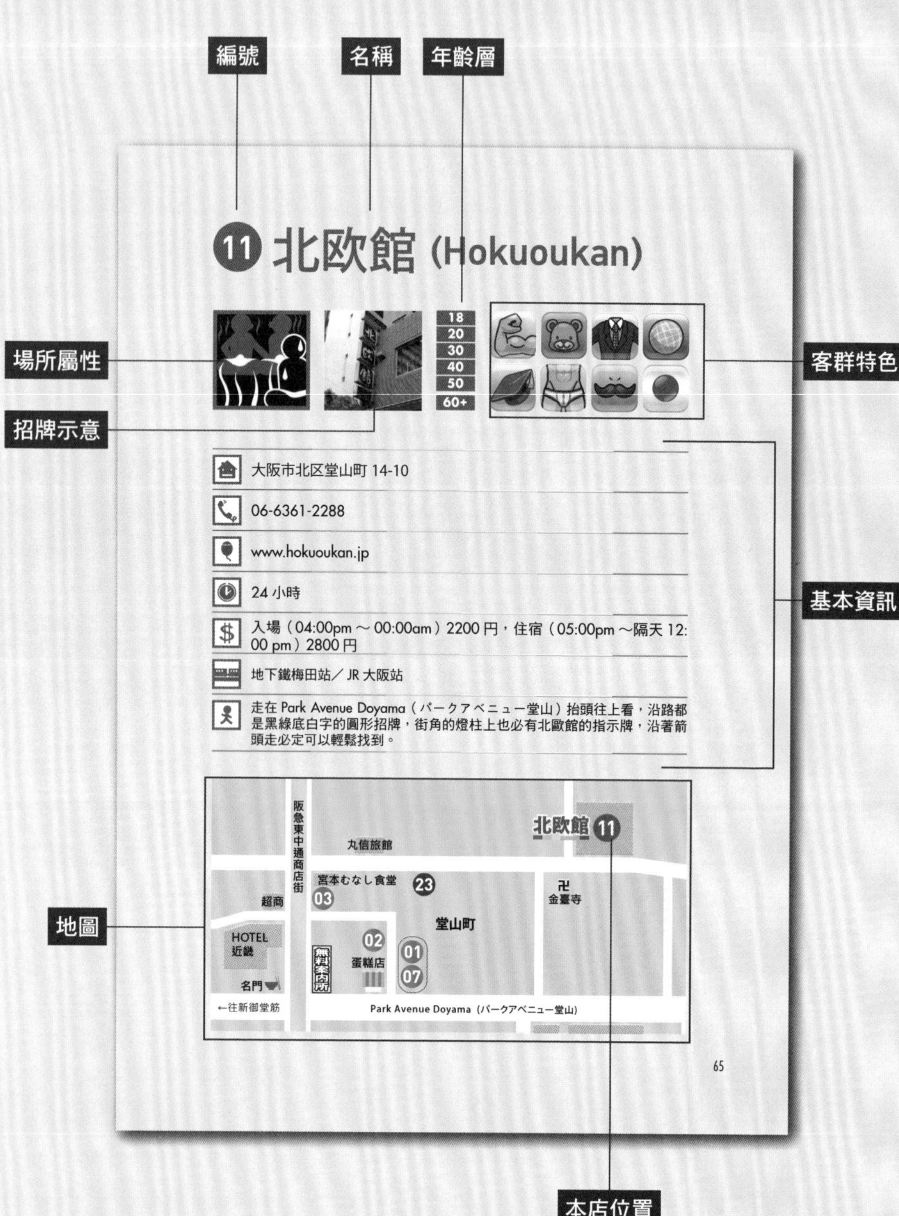

編號
名稱
年齡層
場所屬性
招牌示意
客群特色
基本資訊
地圖
本店位置
11 北欧館 (Hokuoukan)
18
20
30
40
50
60+
大阪市北区堂山町 14-10
06-6361-2288
www.hokuoukan.jp
24 小時
入場（04:00pm ～ 00:00am）2200 円，住宿（05:00pm ～隔天 12:00 pm）2800 円
地下鐵梅田站／ JR 大阪站
走在 Park Avenue Doyama（パークアベニュー堂山）抬頭往上看，沿路都是黑綠底白字的圓形招牌，街角的燈柱上也必有北歐館的指示牌，沿著箭頭走必定可以輕鬆找到。
阪急東中通商店街
丸信旅館
北欧館 11
宮本むなし食堂
23
03
超商
卍 金臺寺
堂山町
HOTEL 近畿
02
01
07
蛋糕店
無料案内所
名門
←往新御堂筋
Park Avenue Doyama（パークアベニュー堂山）
65

本書介紹的店家，大多擁有穩定人氣與口碑，開業已有一段時日且聲勢不墜；部份甚至享譽國際或敞臂歡迎世界各地遊客，無須苦學日文就可順利溝通。絕大多數景點，都在交通便捷、電車和步行可達的範圍內，即使是第一次也能順利造訪。

本書亦收錄許多私房景點和活動情報，如僅有在地人知道的發展海灘、河岸、近郊溫泉，頗具歷史與文化氣息的裸祭、同志合唱團與音樂演奏會等等，讓您的關西之旅更豐富有型。另外，考量名古屋逐漸成為熱門旅遊地點，雖不屬於關西範圍，但我們不惜投注成本，另闢「特別企劃」一章，願您的旅程加倍精采。

書中所載資訊，以最後採訪時間（2013年5月）為準。雖然我們已在付梓前盡力求證，但仍可能發生資訊變動，或因編輯不慎疏失導致的錯誤。使用時若發現任何錯誤或漏失，請務必告訴我們，讓我們有改進的機會。也期待您在使用過本書後，將優點分享給身邊的旅遊同好，讓親朋好友也得到同樣美好的旅遊體驗和回憶。

關西同志消費文化蓬勃，店家多發展分眾，本書限於篇幅以及人力、財力等製作條件而無法盡錄，遺珠之憾在所難免。若您也是關西同志旅遊通，有任何關於新點或非去不可的絕讚地點情報，歡迎您E-mail：gbookstaiwan@gmail.com告訴我們。我們亦長期徵求各地旅遊記者、攝影以及新情報，歡迎各位熱愛旅遊的兄弟們踴躍來信自薦！

梅田地區

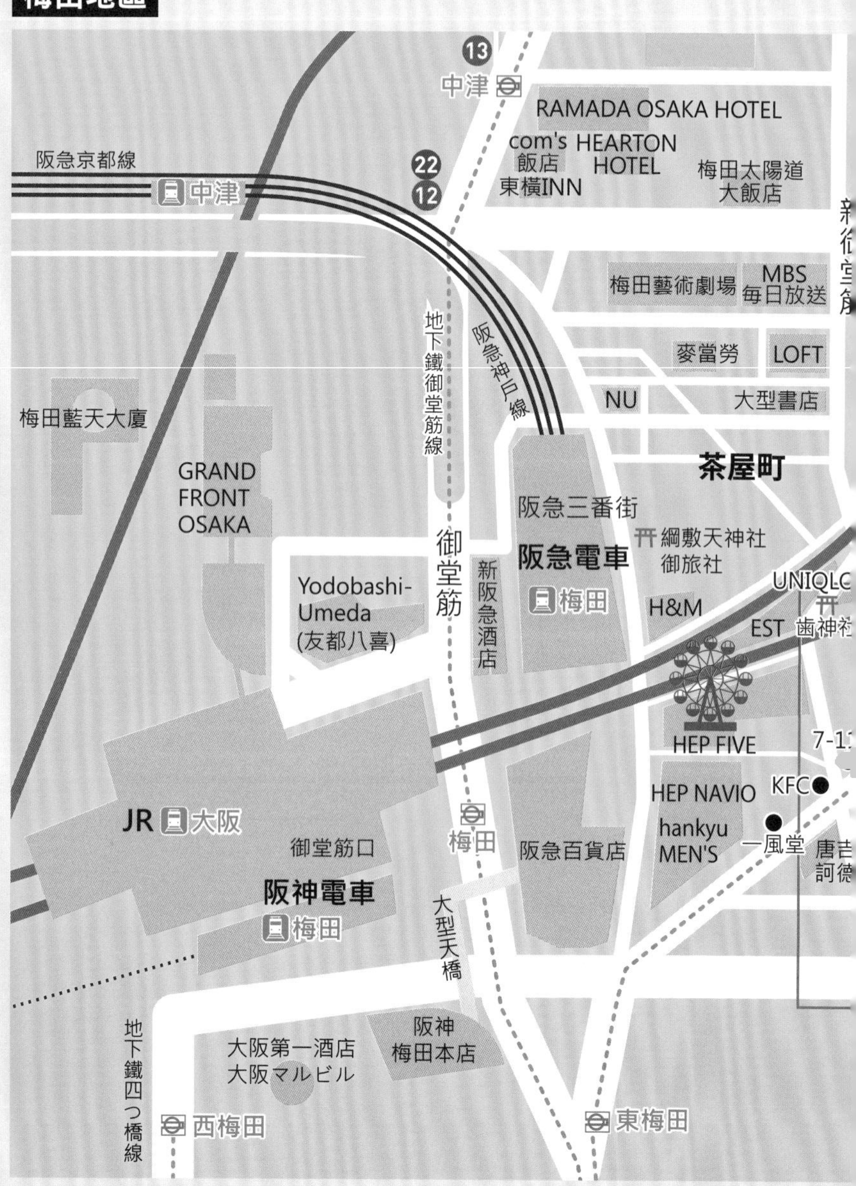

中津
RAMADA OSAKA HOTEL
com's 飯店
HEARTON HOTEL
東橫INN
梅田太陽道大飯店
阪急京都線
中津
梅田藝術劇場
MBS 每日放送
地下鐵御堂筋線
阪急神戶線
麥當勞
LOFT
NU
大型書店
梅田藍天大廈
茶屋町
GRAND FRONT OSAKA
阪急三番街
網敷天神社御旅社
御堂筋
阪急電車
Yodobashi-Umeda (友都八喜)
新阪急酒店
梅田
H&M
EST
HEP FIVE
HEP NAVIO
KFC
JR 大阪
梅田
hankyu MEN'S
一風堂
御堂筋口
阪急百貨店
阪神電車
梅田
大型天橋
阪神梅田本店
大阪第一酒店
大阪マルビル
地下鐵四つ橋線
西梅田
東梅田

JR東海道本線
往天神橋筋六丁目車站→
都島通
中崎
中崎町
天五中崎通商店街
LAWSON
7-11
中崎西
地下鐵谷町線
JR大阪環狀線
北野醫院
堂山町地圖
扇町小學
扇町公園
北欧館
HOTEL近畿
堂山町
大阪YWCA
TSUTAYA
綱敷天神社
LAWSON
KKR飯店
東急Inn
泉の広場噴水池（地下）
大原專門學校
味家

堂山町

齒神社
JR大阪環狀線
↑往中津
都島通
Orange
Js OSAKA
ウェイウェイ
新御堂筋
阪急東中通商店街
丸信
旅館
藥妝店
宮本むなし食堂
23
往摩天輪
超商
03 K's HILLs
7-11
KFC
〔高架道路〕
dista
19 34
HOTEL
近畿
NEWドン 02
無料案内所
蛋糕店
01
07
←往梅田．大阪車站
名門
Park Avenue Doyama
05
09
24
04
16
唐吉
訶德
TSUTAYA
HOTEL
喜多八
bird
卡拉OK
Kazu 06
BIG ECHO
■地下街出入口
東通り〔商店街〕
■地下街出入口
MARKET
RAKUDA café
コンボイ
KKR
飯店
■地下街出入口
←
往東梅田車站
泉の広場
噴水池
（地下）
PU-San
GEO-FRONT

21 Café AVANT
雙層停車場
↑往中崎町
北欧館
11
APPLE
HOUSE
卍
金臺寺
堂山町
Daikichi 17
Jack in the BOX 29
香煙店
(パークアベニュー堂山)
10
27
白牆
賓館
HOTEL
AXIS
Y.E.S
EXPLOSION
hotel
element
G-PLATZ
15
耶誕節
賓館
拉麵店
綱敷天神社
28 Village
スターライト 08
東急
Inn
LAWSON

堂山町地圖

大阪必遊G勝地——堂山

「堂山」是JR大阪車站一帶的「梅田」所涵括的一個「町」。大阪堂山町是與東京新宿二丁目齊名的同志必訪勝地，也擁有和新宿二丁目雷同的地理條件：鄰近主要車站、街道狹小、店鋪密集；別看Park Avenue Doyama（パークアベニュー堂山）外觀只是一條小小的巷子，因它位在梅田邊緣，過去這裡曾有過各種高級的日本料理店、酒店和俱樂部，多少呼風喚雨的財政要人都在此宴客豪遊。

逐漸發展成「夜間成人歡樂街」的堂山町，在1970年代後半就出現了Gay Disco，後來又有了日本第一間同志電影院（於2011年關閉），一直以來都是西日本的代表G遊勝地。

但有一點異於新宿二丁目的是，這一帶不只有Gay Bar，一般男女的特種店家也集中在這裡，因此對不太習慣坦露身分的人來說，走到這一帶來不會有任何「我來故我Gay」的感覺，沿街攬客的漂亮姊姊也會上前來問你要不要去她們的店（這時只要稍微點頭示意並繼續前行就可以避開了）。也正因為形形色色的人們的聚集，感受得到一股「男女同異，皆懷情慾」的和諧感。

如何走到堂山

梅田一帶範圍廣大，JR的車站名為「大阪」，地下鐵與私鐵的車站則稱為「梅田」，其中地下鐵依線路不同又分為「梅田」、「東梅田」與「西梅田」。

以下教您如何快速到達「堂山（町）」。

【從地面】

①不論你從哪一個車站走出來，先找「HEP FIVE」樓頂的紅色摩天輪。摩天輪被其他建築物擋住而看不到時，指著書上的圖片詢問路人。

②走到摩天輪下方「HEP FIVE」，走進該大樓與隔壁「HANKYU MEN'S OSAKA」百貨之間的小巷子。

③經過SUBWAY、FIRST KITCHEN、KFC等店，眼前為上方有高架橋的大型十字路口。

④過街至對角影音書店「TSUTAYA」旁建有綠色牌樓的狹窄街道

，即為堂山「堂山公園大道 (パークアベニュー堂山，Park Avenue Doyama)」入口。

【從地下】

①梅田一帶的地下街錯綜複雜，先前往大部分的路標上都找得到的「HEP FIVE」；若沒有，先往「阪急電車」方向走較容易看到「HEP FIVE」方向的指示。

②從「HEP FIVE」下方的出口走上地面後，依【從地面】的說明前往。

※請留意：往「JR大阪站」、「阪神電車」或「西梅田」等方向走去的話，只會讓你離堂山町越來越遠。如果你的飯店已在「東梅田」一帶，則不需要依照以上路線，可在地下街循往「泉の広場」路標，在噴水池周圍即可看到往「堂山町」的指標。

大阪・梅田 酒吧

全日本唯一能與東京新宿二丁目匹敵的彩虹歡樂街，堂山町。
天黑之後開始活躍起來的堂山街道，
充滿活力與大阪特有的「人」的氣味。
美食、好酒、優男，關西之旅的夜晚正要展開。

chapter 1

01 Js OSAKA

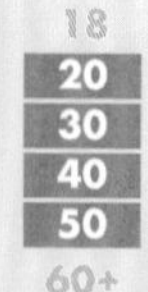

 大阪市北区堂山町 16—4 パールレジャービル B1

 06-6363-3367

 www.cafe-jj.com  twitter：Js_OSAKA

 07:00pm ～ 09:00am，週六持續營業到週一早上，年中無休

 約 700 円起（視活動）

 地下鐵梅田站／ JR 大阪站

走進 Park Avenue Doyama（パークアベニュー堂山），直走約 100 公尺後，左側可以看到一家小小的蛋糕店。本店在蛋糕店旁邊的大樓「PEARL LEISURE BLDG」（入口處有迴旋樓梯）的地下室一樓。

「好像在哪部片裡看過…」

Js OSAKA 這店名的靈感據說來自〈Destiny's Child Jumpin' Jumpin'〉這首受同志愛戴的歌曲，這樣應該很容易知道這家店的定位了吧。內裝的最大特色是使用了大量木質家具，就連吧台也是木質的，進入店中若以為來到《斷背山》的場景也不算太意外；牆上粗大的橫紋也令人印象深刻。位於地下室的廣大佔地，非常適合多人數團體歡聚。店主曾經去過台灣，覺得台灣是一個很讓人感到愉快的地方。

本店的網站內容十分充實，可以看到豐富的店內資訊，也有時常舉辦的主題活動的時程，例如「西裝之夜」時身著西裝來店可獲得優惠等，不妨參考活動時間安排來店日程。本店店員多達10人，網站上有每一位店員的照片與出勤的時間表，可以從店員的年齡與類型約略看出本店客層，多為普通體型，年齡層也明顯偏低，卡拉OK唱的是Lady Gaga而非Madonna（sorry，娜姐），很適合一群人歡笑喧鬧；當然一個人來也能夠在單獨的位子上觀察各型各色的人們，因為場地夠寬大，不必像在小酒吧那樣

需要在意身旁人的目光，可以喝得自在輕鬆。店員有的會說一些英文，應該不會有太大的語言上的困擾。

700円起跳的價格設定，對想要控制預算的人是一大福音。如果與較多人數的朋友同行想探訪同志酒吧，或是與一大群日本朋友相約卻不想去一般的居酒屋時，Js OSAKA無疑是最好的選擇。本店並與Gay Shop時常合作進行G片與用品的特惠活動，不妨來碰碰運氣找好康。

順道一提，熟悉GV的你若看過以酒吧店員為主題的片子《体育会脱ぎ接客カフェ》，沒錯，這家店就是該片場景。也就是說，曾有健壯的裸男們在你的座位上……

02 NEW ドン (Newdon)

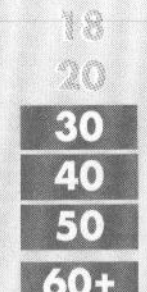

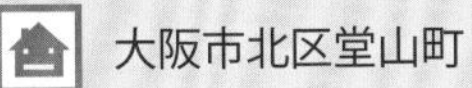

大阪市北区堂山町 16-5

06-6315-9312

無

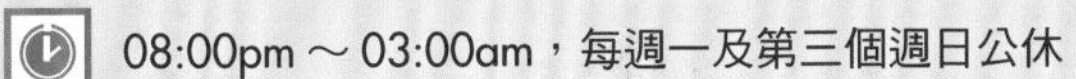

08:00pm ～ 03:00am，每週一及第三個週日公休。

約 1500 円

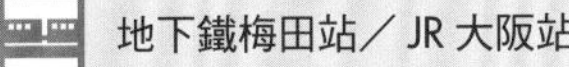

地下鐵梅田站／ JR 大阪站

Park Avenue Doyama（パークアベニュー堂山），過了第一個小路口後繼續向前走 30 公尺往左會看到有著藍色遮陽棚的小小蛋糕店，旁邊巷內各個店門中有一個是深褐色，門上寫著「NEW ドン」，進門後上階梯至二樓。

1. 走進藍色遮陽棚的小蛋糕店旁路口　2. 看到寫著「NEW ドン」的本店招牌

人情濃厚 歷史悠久的堂山名店

店主很謙虛地告訴我「雖然歷史很悠久，但有比本店更久的店……」心想「不愧是謙卑含蓄的日本人啊」時，店主竟自爆，過去曾有過台灣男友！這下有關台灣的話題可就說不完了……當然，對台灣客人的歡迎是不在話下了。

店內維持著一種低調的昏黃，彷彿時空倒轉般，帶你回到可能在某部二秦二林電影中曾看過的酒吧場景，以及那般的懷念氣味。吧台是店內的主要焦點，帶點大人氣息的厚重感，坐在吧台上，眼前就是電視螢幕，想和店主好好聊天、或是想唱歌、又或是看著店內播放著的音樂影片，都隨心所欲。

不論是年齡層或是體型，客層比較廣泛，也因為是老店的關係，與店齡一路成長過來的來客較多，沒有過度聒噪的笑鬧，店

主也不是那種盡說些五四三的性格，以心交心有人情，好好飲酒，好好交談，好好認識新朋友，貨真價實地放鬆。

店內也有非同志的女性來客，她們放下平時的緊繃，來到這裡和讓她們放心的同志們一同共享這個空間，可以觀察到在這特殊空間中解除戒心的她們與印象中「端莊典雅的日本女性」不太相同的樣貌，頗有趣味。

老店的好處就是不會遇到太出乎意料的客人，熟客多（也包括年齡的「熟」），店內氣氛也就自然容易融洽，並且可以容易得到圈內各種訊息，哪家店好玩、哪個活動容易遇到好菜、堂山地區有什麼該看該買，都可以問店主，即便不會日文，店主也能用一些英文溝通，可以放心一遊。

03 K's HILLS

 大阪市北区堂山町 16-12 中通りレジャービル 501

 06-6362-6615

 twitter：Ks_HILLS

 08:00pm ～ 05:00am（平日至 04:00am，年中無休）

$ 1500 円起（視活動）

 地下鐵梅田站／ JR 大阪站

走進 Park Avenue Doyama（パークアベニュー堂山），在第一個有雨棚的路口左轉，直進 10 公尺後左方有紅色招牌的便利店，本店在便利店對面的一棟電梯位置很奇特的「中通りレジャービル」大樓五樓，出電梯門即可看到綠底白字招牌。

帥店主愛台 一年去八次

一進門即映入眼簾的白淨磁磚吧台與黑白色調的設計好品味，是令人對內裝印象最深刻的地方，與一般常見昏黃吵雜又煙味瀰漫的Gay Bar完全不同。標準野郎外型、身材挺拔而比例完美的帥氣店主Keisuke，開店已經超過10年，過去還曾同時經營過以年輕族群為主的Bar。店名「K's」就取自於自己的名字，「HILLS」則是因為店位在大樓的最上層。

店主非常喜歡台灣，曾經創造一年去8次的紀錄。因為喜歡跳舞並與大家同歡，參加過大小活動派對，對台灣圈內的種種十分熟悉，連哪家店那天公休、營業到幾點都知悉。店主說著說著

拿出了台灣友人為他帶來的《海角七號》精裝版DVD，說著他因為人在台北時遇到颱風只得去看電影，卻因此喜歡上這部讓他感動的片子。

來客的類型大致都像店主自己一樣，身材健壯有線條，不過店主表示近年來客們的體型有越走越寬的趨向，雖不到熊的程度，不過跟過去比起來「擴大」不少。店主說去了台灣這麼多年，發現台灣同志們「熊化」的比例也漸漸升高。

店主拿出卡拉OK點歌機，自己點了並唱起桑田佳佑的〈白色戀人〉，高昂的歌聲十分有魅力。店內的音響採用杜比聲道，以大螢幕播放電影時感覺如同在電影院觀賞般悅耳，過去還曾經舉行過電影觀賞會。

這間店就如同店主本身的風格，沒有一般Gay Bar濃厚的「營業味」，不作態的店主、優雅明亮的空間、不空泛的對話、好歌、好電影……，若第一次來大阪就來到這家店，一定會對大阪留下極好的印象。

04 PU-San

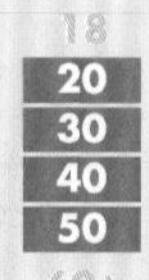

 大阪市北区堂山町 8-18 霧島レジャービル B1F

 06-6363-0117

 58.xmbs.jp/pusun/　（＊日本境內可開）  twitter：pusun390414

 07:00pm ～ 02:00am，週五週六到 05:00am。每月第三個週三公休。

 約 1500 円起

 地下鐵梅田站／ JR 大阪站

 走進 Park Avenue Doyama（パークアベニュー堂山），直走約 100 公尺後，往右可以看到一棟「霧島レジャービル」，本店位在地下室的最深處，熊圖案的招牌十分明顯。

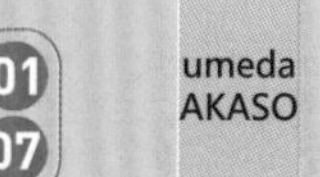

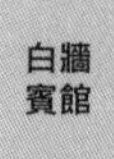

熊順出沒注意！

G-men名模、圈內偶像、頂尖Go-Go Boy「熊順」每週五在這裡服務。

光憑這一點，應該有不少人已經想動身了吧。雖然熊順不是店主，但他的確是本店的黃金招牌，很多客人衝著他來消費。

在舞台上的熊順給我極好的印象。雖然與很多Go-Go Boy比起來他並沒有舞者的質感，但是在台上盡其所能舞動、企圖帶動大家氣氛的認真姿態與神情，讓我非常佩服。而到了店裡，當他活生生站在你面前，感覺又不太一樣，這反差十分有趣。

店本身不大，內裝單純，但柔和的燈光給人感覺乾淨舒適，週末時座無虛席。店內舉行活動時熊順通常會登場服務，有時穿浴衣，有時穿「褌」，熊順迷們可要密切注意網站上的活動相關

動態。

去店裡造訪時，店主正巧剛從台灣旅行回來，用螢幕一張一張展示著他在台灣拍的照片，並和一群去過台灣的客人們談論著在旅行中的經歷。他們說在台灣，無論在什麼地方總有人會自動跑過來問「你是日本人嗎」，然後不斷地想認識他們、帶他們去玩、請他們吃飯、硬是扒著他們不放等等，一邊說著一邊發出嗤嗤笑聲，直到發現身旁的我就是台灣人時，一瞬間臉色鐵青。

店主本身過去是廚師，因此提供的餐點都是專業等級。2008年開始營業的本店從店名、店招、店主、店員、到來客，清一色熊壯渾圓，熊族的朋友鐵定能在這裡度過一段開心時光。

05 MARKET

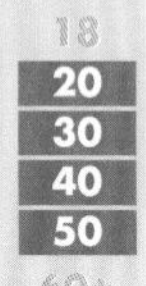

 大阪市北区堂山町 8-18 松本（マツモト）レジャービル 2F

 06-6364-7123

 無

 08:00am ～ 05:00am，年中無休

 1500 円起（視活動）

 地下鐵梅田站／ JR 大阪站

 走進 Park Avenue Doyama（パークアベニュー堂山），過了第一個小路口後繼續向前走 20 公尺往右會看到有一棟樓入口處明顯地設置了三台自動販賣機。搭乘電梯上二樓，長廊走到底，即可見到右側寫著「MARKET」的木門。

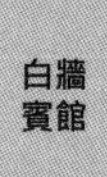

口耳相傳的小熊店

自2007年開店以來，常有港台客人藉由介紹前來，是近年來人氣鼎盛的名店。店主店員幾乎都是在「壯碩」與「渾圓」之間的小熊，雖然沒有設定來客類型，但自然也就「熊以類聚」，吸引小熊族客人前來消費。

去過台灣旅行多次，對台灣「真要喝到乾」的乾杯文化印象深刻的店主，過去曾長年在知名GV公司從事攝製工作，對GV業界十分熟悉，曾拍出創造驚人銷售量的經典佳作，店內牆上貼著海報的名優「KONG」即是過去共事的夥伴，後來在此自己獨立開店。聽著店主說著GV業界艱辛的點點滴滴，不知他對不花一毛錢下載盜看G片的惡習有什麼感想。

店內播放時下流行的英日文歌曲，螢幕播放各歌手的MV。

以木質為基調的內裝，和店名一樣都來自「服飾店」，帶出自然明快的感覺；透明吧台下的高低木磚上擺著多隻小豬公仔，好似俯瞰一座農場。每日不同輪班的店員共多達8名，平日由店主兩人上陣，週末時店員人數較多，可一覽優質小熊店員們的風采。

遇各種節日時，喜愛裝扮的店員們會穿上各樣服裝，從性感工人到妖豔歌姬，變身的幅度頗大；牆上的自製月曆即為店員裝扮的「美女圖」，十分搞笑。MARKET就是這樣一家「沒有設定，瘋癲搞笑」的小熊店。

06 かず (Kazu)

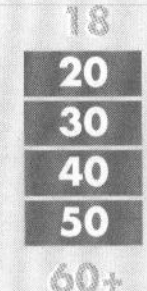

 大阪市北区堂山町 6-14 第二松栄会館 3F

 06-6361-6606

 www.geocities.jp/bar_kazu

 07:00pm ～ 03:00am，年中無休

 1500 円起

 地下鐵梅田站／ JR 大阪站

走進 Park Avenue Doyama（パークアベニュー堂山），在第一個有雨棚的小路口右轉直進約 50 公尺後遇左側黃色招牌拉麵店「あした天気になぁれ」左轉進入狹窄小巷，右側建築物的一樓是紅黑色招牌的「GS」，由外側樓梯上三樓即可看到黑底白字的店招。

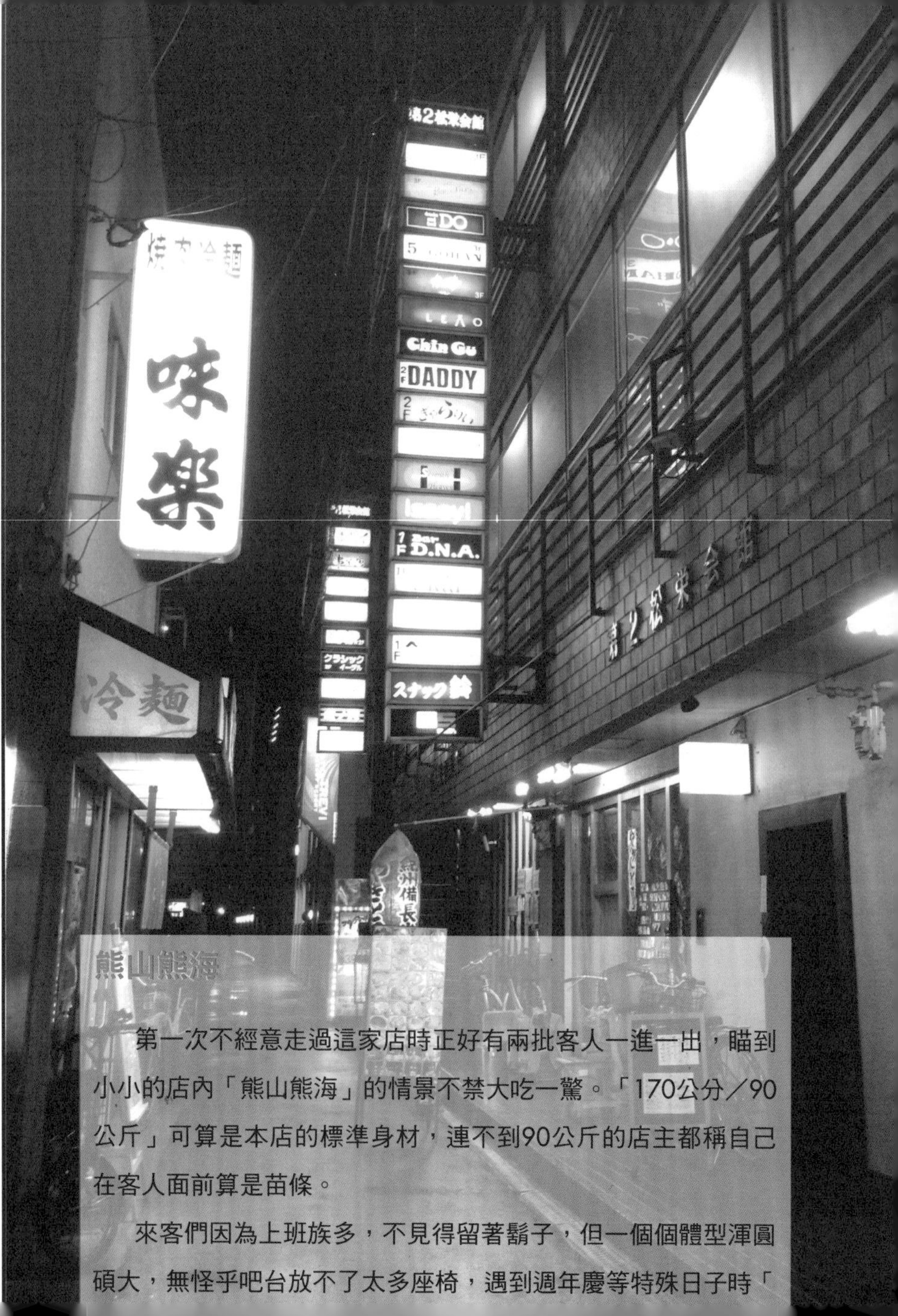

熊山熊海

第一次不經意走過這家店時正好有兩批客人一進一出，瞄到小小的店內「熊山熊海」的情景不禁大吃一驚。「170公分／90公斤」可算是本店的標準身材，連不到90公斤的店主都稱自己在客人面前算是苗條。

來客們因為上班族多，不見得留著鬍子，但一個個體型渾圓碩大，無怪乎吧台放不了太多座椅，遇到週年慶等特殊日子時「

炸雞吃到飽」的限定活動也針對熊客們的口味而來，常常客滿。

與很多店家比起來雖然面積極小，也更有一種家庭般的溫馨感，遇到其他客人坐在身邊時也不會有過大的距離感，增加更多交流的可能。為著下班後來店的客人填肚子，店主有時會準備麵食等足以飽餐的食物，在點飲料時有菜單可供選擇，可以問問店主的推薦。

店主是一位沉穩有味的大叔，過去曾經是爵士樂團的主唱，因此店內主要播放爵士樂，步調和緩優雅。1987年開始營業的這家店，過去位在老店群集的大阪南區，2012年才遷移到堂山來，和堂山地區光鮮亮麗的店家比起來，更顯出屬於南區的特有人情味與老店存有的優良傳統，不賣弄也不喧嘩，適合成熟的大人們一遊。

店主不諳外語，因此不會日文的話與店主可能要比手畫腳一番，不過若同時有能用英文或中文溝通的客人，是個可以交流的好機會。想見見「熊滿為患」的景象，可以選擇在週末的較晚時

07 ウェイウェイ (weiwei)

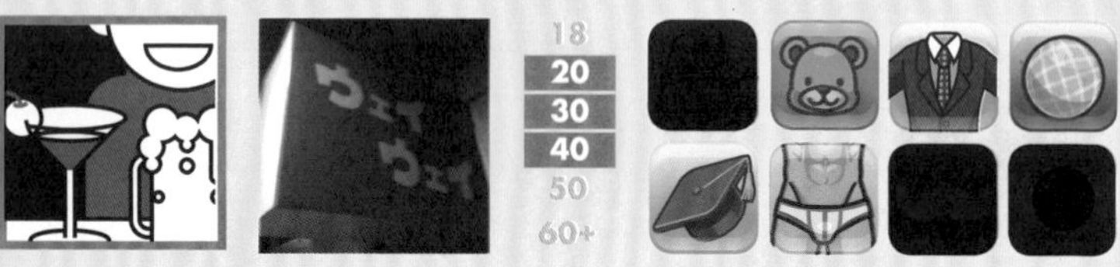

大阪市北区堂山町 16—4 パールレジャービル 2F

06-6362-8150

無

08:00pm ～ 05:00am，每週四公休

1500 円起

地下鐵梅田站／ JR 大阪站

走進 Park Avenue Doyama（パークアベニュー堂山），過了第一個小路口後繼續向前走 30 公尺往左會看到英文字的「PEARL LEISURE BLDG」建築物，一樓入口的地板如西洋棋盤般黑白格交錯。搭電梯上二樓可見橘色「ウェイウェイ」招牌。

店主「喂喂愛台灣」

看到這不像日文的店名是不是覺得有種似曾相識的感覺？本店店主因為是非常喜歡台灣的「台灣FAN」，開店時就將在台灣看到打電話的第一聲「喂」，做為了這家店的店名，讓人莞爾。不僅取店名如此，一走進這家「愛台店」，馬上映入眼簾的就是掛在門聯上熟悉的大紅春節吊飾，都是店主去台灣旅行時帶回來的，不禁讓人產生一種「咦？我不是來了日本嗎……」般時空錯亂的趣味。

本店位在堂山眾多同志酒吧聚集的建築物中，找起來特別容易，建築物一樓白底綠POP字體的招牌十分好認。明亮的店內播放的音樂以現在流行的樂曲為主，空間不大，一張吧台，兩張對座沙發，卻不會感覺非常擁擠；店裡除了牆上擺著一瓶瓶的酒，其他沒有特別的裝潢和擺設，牆上貼了不少店主喜歡的歌手「秦基博」的海報，因此與其說來到一家酒吧，倒是比較像來到朋友的家中聚餐般，無須拘謹，能夠感到一種放鬆與自在。

來客們從年輕學生到和店主相同的輕熟男都有；也許是因為店主本人隨性海派，來到這裡的客人們也多容易攀談，沒有讓人退卻的作態。照星期輪班的店員中，有幾位渾圓可愛，聊起天來和氣可親。雖然客群以體型較大的客人為主，但既然來到這樣一家難得的對台灣表示歡迎的店，可以不必太顧慮體型。

若是日本酒吧的初學者，或是初到大阪想看看本地酒吧，又或是單純地想認識認識這位愛台店主，此店無疑是最好的「入門店」。店主雖然不會說中文，對台灣可是瞭若指掌，和你必會有共同的話題，聽聽他分享心目中的台灣與台灣人，筆談或比手畫腳都好，放心地走進去，體驗特殊的「國際交流」吧！

08 スターライト (Star Light)

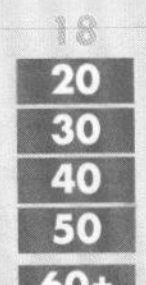

 大阪市北区神山町 8-14 日宝東阪急レジャービル 3F

 06-6366-0455

 無

 06:00pm ～ 04:00am，週日公休

$ 約 1500 円起

 地下鐵梅田站／ JR 大阪站

①參照堂山町地圖走進「東通り」商店街；②走到商店街最底；③再往前 20 公尺可見右側白底黑字「BAR RISE」招牌，本店位於該大樓三樓。

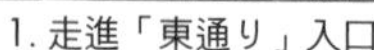
1. 走進「東通り」入口

2. 沿著「東通り」商店街走到最底

星光般耀眼的偶像媽媽

對聖子、明菜、早安等日本偶像如數家珍的朋友們，這無疑是你務必造訪的一家店。永遠身著華麗偶像服裝、閃耀著「Star Light」的Yuko媽媽，對各年代的偶像都瞭若指掌，說她本身就是間偶像博物館也不為過吧，足以讓你聊偶像聊到樂不思蜀。

在早安少女組組成的1997年開店至今，在圈內已是老字號，推算即便是當年最年輕的早安少女組的早期歌迷，至今也都是熟男或超熟男了，因此可以想見來客們的年齡層與型態，基本上為30歲以上，體型各型各色。大家來此談論偶像們的點點滴滴，在這「對嘴當道、素質低劣品靠炒作來蹂躪專業」的時代，聽聽Yuko媽媽對偶像們專業透徹的評析，一同重溫偶像們曾為大家帶來的歡樂與感動，也再次感受那個年代由內而外發出璀璨光芒的輝煌。

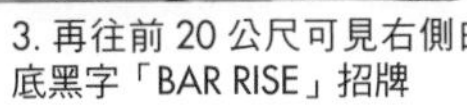

3. 再往前 20 公尺可見右側白底黑字「BAR RISE」招牌

4. 本店所在大樓入口

和Yuko媽媽的言談中，彷彿感覺經典偶像們活躍著的那段時光就停留在她身上，親切和善，散發著優雅氣息，讓人印象深刻，不似講些空泛五四三打發你的店主，一字一句懇切地聆聽並回答，在她身上看到了一個時代，一個經典偶像icon們代表的真切、溫暖與美好的時代。

值得一提的是，當Yuko媽媽熱情地接待客人的同時，廚藝精湛的店主會準備懷念家鄉口味的小菜，讓你喝起酒來更添美味。不同於時下潮店常見的「一個大盤子裝一點點食物」，這裡的風格與口味就如同令人懷念的昭和偶像，觀來素雅，嚐來實在，令人不禁再三回味。

09 RAKUDA café（ラクダカフェ）

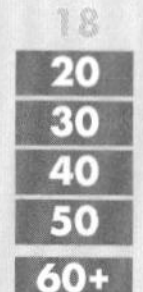

大阪市北区堂山町 8-18

06-6363-4510

無

07:00pm ～ 02:00am（週六至 05:00am），每週四公休

約 1500 円～

地下鐵梅田站／ JR 大阪站

走進 Park Avenue Doyama（パークアベニュー堂山），過了第一個小路口後繼續向前走 20 公尺往右會看到有一棟樓入口處明顯地設置了三台自動販賣機。搭乘電梯上四樓即可看到駱駝圖案的店招。

寂寞沙漠中的駱駝商標

在視覺上總讓人感覺變化不大的日本酒吧中，這間店的內裝絕對讓你印象深刻。從店招開始就用鮮明的駱駝引導出本店的主題：沙漠、駱駝、旅人，店內的每一處角落都離不開這個主題。木質為基調的桌椅壁面，讓人感覺好似在長途的沙漠旅行後，來到一處歇腳喘息的綠洲；明亮但含蓄的燈光，讓人放鬆沒有壓力，眼前擺飾簡單俐落，沒有一絲多餘；特製飲料下的皮革杯墊，就像是在告訴你「荒漠之中，讓自己歇會兒吧！」

來客年齡層廣泛，年輕到熟男都有。短鬍與短髮、似乎有健身習慣的客人不少，這也頗符合店的整體氣氛與主題。整體上是很適合二、三十歲的上班族結束一天疲憊後，前來小酌的一家店。店內的音樂不特別偏向某種風格，有時也播放些眾所皆知的西洋電影主題曲，恰到好處的音量也讓對話更加輕快順暢。

店主本身就是短鬍短髮的輕熟男，對各年代的偶像歌手與團體如數家珍，熟悉到可以告訴你哪一年的年度排行榜中哪位偶像

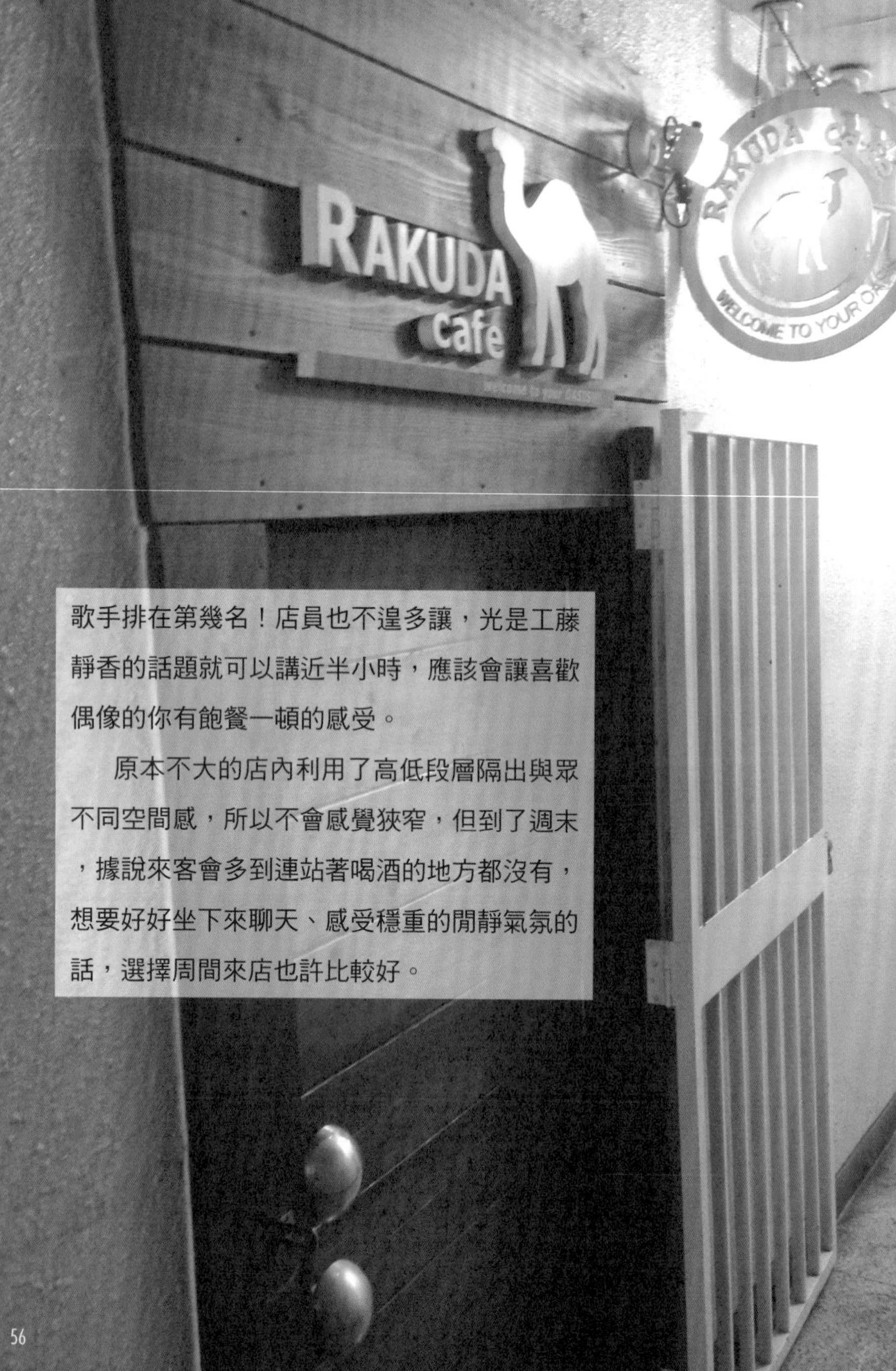

歌手排在第幾名！店員也不遑多讓，光是工藤靜香的話題就可以講近半小時，應該會讓喜歡偶像的你有飽餐一頓的感受。

原本不大的店內利用了高低段層隔出與眾不同空間感，所以不會感覺狹窄，但到了週末，據說來客會多到連站著喝酒的地方都沒有，想要好好坐下來聊天、感受穩重的閒靜氣氛的話，選擇周間來店也許比較好。

10 Y.E.S

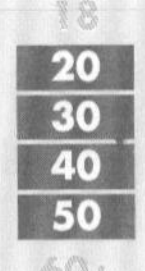

 大阪市北区堂山町 8-23 サンヨー会館 3F

 06-6363-1237

 無

 07:00pm ～ 02:00am，週四公休（隔天若為假日則照常營業）

 飲料約 700 円起，入席費、附餐另計。

 地下鐵梅田站／ JR 大阪站

 走進 Park Avenue Doyama(パークアベニュー堂山)，過了第一個小路口後繼續向前走約 60 公尺，右側轉角是一間白牆的賓館，右轉進巷內即可看到綠底白字店招。

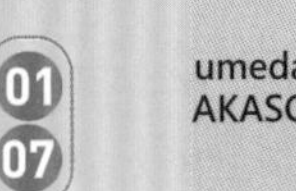

YES！天天開心

「為什麼取名為『Y.E.S』呢？」「我的名字第一個字母是Y，『E.S』是『Everyday smile』的意思。」聽到店主這樣解釋店名的由來我不禁失禮的笑了出來，實在是因為這由來既單純又可愛。帶著笑容面對每一天，就是「斯文眼鏡框+魅力微笑」的店主的人生哲學。

進店時，店內正好坐著一位未經圈內世事、剛出道的優質好青年，身著西裝、用著敬語向店主請教著圈內的種種，店主則微笑著不說教、不給他什麼過於確切的答案，循循善誘地告訴他：「有很多可以慢慢觀察的，圈內什麼樣的人都會有，用自己的方式去走最好。」並一邊搞笑一邊紓緩他的不適與緊張。真不愧為入行已有數十年的大前輩。

就像那位剛出道的客人一樣，本店對「初學者」來說會是一家好的起點。店主非常擅於聆聽客人說話，並很能適時地讓每一

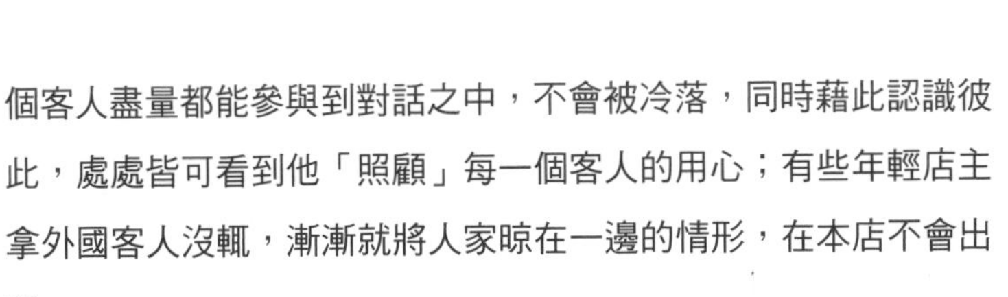

個客人盡量都能參與到對話之中，不會被冷落，同時藉此認識彼此，處處皆可看到他「照顧」每一個客人的用心；有些年輕店主拿外國客人沒輒，漸漸就將人家晾在一邊的情形，在本店不會出現。

客層平均為30代輕熟男，偶有稍低或稍高的情形，體型多為「中等－熊」，週末遇熊率高，店員則多為渾圓體型。因為舒適不噪鬧，常有當地客人帶外國友人前來；遇到主要節日如聖誕節等時會舉行特別活動，客人們擠滿整個小小空間，外表斯文正經的店主則常有出人意表的裝扮。樓下就是大型CLUB「EXPLOSION」，每當有活動舉行時四周更是人山人海，來店的客人也就特別多，是認識新朋友的好時機。

梅田一帶近年來由於以阪急百貨為首的各大商場陸續改頭換面，周邊環境面貌一新，但百貨公司多以女性服飾用品為主，男同志逛起來可能略嫌乏味。

然而，本書就要推薦您從堂山前往中津同志商店與發展場，這一路上的幾處人氣商圈，保證讓您的旅程豐富而充實！也特別提醒您，務必妥善安排好行程的順序，若買了太多東西，發展場的小鐵櫃可是放不下的喔！

阪急三番街

連結堂山與中津的「阪急三番街」，是百貨業龍頭阪急百貨旗下的地下街，網羅上百家觀光客喜愛的各類型商店，也有眾多比大阪站周邊一般百貨更好逛好買的知名店家，對圈內人來說是可滿足購物慾的好去處。

同時，阪急電車梅田站的下一站就是中津，兩站由地下街牽連，從堂

山走到中津時沿著「阪急電車」路線下方的地下街「阪急三番街」最為方便。

阪急三番街與周邊知名店家：

◇**Yodobashi-Umeda**：有中文導購服務的大型電器商城

◇**UNIQLO**：Yodobashi-Umeda樓上有大型店鋪

◇**ZARA**：位置方便，店鋪寬廣

◇**BODYSHOP**：帥哥店員多

◇**KIDDYLAND**：佔地廣大，玩具一應俱全

◇**千鳥屋**：外地人喜愛的大阪土產

◇**Village Vanguard**：逛起來令人驚喜的搞怪雜貨書店

◇**堂島とろ家**：生魚蓋飯美味實惠

◇**綱敷天神社御旅社**：繁華路邊的迷你神社可求戀愛運

茶屋町與中崎町

緊鄰「阪急三番街」的「茶屋町」，是現代感強烈的街道，在商場「Nu chayamachi」和大型雜貨飾品店「LOFT」的帶頭下，讓該區域成為潮流與時尚的集中地，不大不小的範圍逛起來十分輕鬆。

對二手服飾有興趣的話，「茶屋町」旁的「中崎町」這個區域是您的天堂。幾乎每條巷弄都有小型的個人經營店，也有像JUMBLE STORE這樣大型的店面。往「每日放送」電視台方向過了高架橋後，有許多將舊式低層老房子改裝的潮流小店，文青氣息濃厚，一瞬間從繁華的梅田進入時光隧道到了數十年前，一片「小時候曾經看過」的景色；除了購物，也很適合攝影。

茶屋町與中崎町知名店家：

◇**G-STAR RAW**：受本地同志喜愛的潮流服飾店

◇**P.S.FA**：西裝男的服飾天堂

◇**B-R 31 ICE CREAM**：遇到31日有31%OFF優惠

◇**JUMBLE STORE**：高質感二手衣店

◇**MARUZEN & JUNKUDO**：八層樓的大型書店

◇**LOFT**：精緻雜貨的龍頭，地下為藝術電影院

◇**Nu chayamachi**：知名原創品牌匯聚

◇**梅田藝術劇場**：百老匯到寶塚歌劇頻繁上演

阪急百貨店メンズ（MEN'S）館

在梅田地標摩天輪旁、緊鄰堂山的這間男性專門百貨，網羅了幾乎所有你想得到的Gay愛用的服飾，全館無女貨，店員好氣質，逛來極過癮。

- 大阪市北区角田町7-10
- 06-6361-1381
- 週一～六11:00am～09:00pm，週日／假日10:00am～08:00pm，不定期公休
- www.hankyu-dept.co.jp/mens
- (A)至JR「大阪」站與各線「梅田」站，循地下街路標前往。
  (B)在地下街循往「HEP FIVE」或「HEP NAVIO」方向路標較容易找到。
  (C)在梅田一帶地面上，以紅色摩天輪為目標前往最方便。

大阪．梅田＋中津
三溫暖．發展場

不論任何場面都不逃避，與立場沒有任何關係；
不容錯過一個眼神一個錯身帶來的時機，
再多算計也抵不過心中狂慾。
——上陣吧，發展 HUNTER ！

chapter 2

11 北欧館 (Hokuoukan)

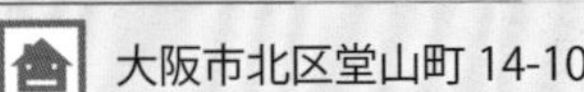

大阪市北区堂山町 14-10

06-6361-2288

www.hokuoukan.jp

24 小時

入場（04:00pm ～ 00:00am）2200 円，住宿（05:00pm ～隔天 12:00 pm）2800 円

地下鐵梅田站／ JR 大阪站

走在 Park Avenue Doyama（パークアベニュー堂山）抬頭往上看，沿路都是黑綠底白字的圓形招牌，街角的燈柱上也必有北欧館的指示牌，沿著箭頭走必定可以輕鬆找到。

本地

大阪必訪娛樂城堡

東有24會館，西有北欧館。圈內沒有人不知道這間城堡般地位的大型三溫暖的。座落在堂山地區的正中央，高聳建築物上白熱的「北欧館」燈管正招喚著全國各地來到大阪的人們進入這盛大的娛樂場。

30年歷史的北欧館，外觀上正如它的正式名稱「Business Inn and Sauna」說明著這裡表面是一處供商務人士休憩享用三溫暖設施的場所，但任誰都知道這處關西地區的重鎮，聚集了各型各色的人們來此「交流」，也正因為如此，客層的年齡和類型沒有設限，能看到年輕的小野郎，偶爾也能看到實在很想扶他上樓梯的阿伯；若想遇到日本GV中短髮精壯的優質野郎，在這裡得看運氣，但是非常適合第一次來到日本三溫暖、甚至第一次嘗試「發展」的初學者。

進門後，脫鞋放鞋櫃（需投10円硬幣，會退還），在櫃檯前的販賣機購票，鑰匙給櫃檯，領毛巾浴衣。有兩件事情非常重要，請一定要注意：①販賣機上有分得非常詳細的按鈕，包括了年齡層（超過39歲收費較高）、要不要過夜等，請一定看清楚適合自己的年齡再按下按鈕，不明白的話，讓服務人員給你指示；這裡的服務人員一向很高傲，萬一不慎按錯按鈕，是不會退費給你的。②39歲以下的朋友，請在領毛巾時就先問櫃檯人員「Password?」，櫃檯人員會給你看一組四位數的數字，用途稍後再敘。

至置物櫃區更衣後，淋浴清潔（浴室後方設有零號用清潔室），開始遊憩。不用擔心一整棟樓太大不知方向，看遍外國人來客的服務人員，會用簡單的英文幫助你，或就趁機用英文問看上眼的對象，製造搭訕的機會。

走進地下室，會看到一扇鎖著的「藍色大門」，門邊有一個號碼鎖；前段提到的四位數密碼，在此成為你提昇發展指數的關鍵數字：在這稱為「Blue Zone」的地下室，只有39歲以下才可進入，將四位數密碼鍵入號碼鎖後，門會隨著「嗶」一聲開啟，連續開啟兩道門後進入地下室，這裡不會看到高齡的伯伯，並有多數單人床和休息區，可攻可守可休憩，是北歐館的精華所在。

本館最上層的「Sky Zone」也是以相同方式進入。三樓是發展區域，四五六樓是如同一般汽車旅館可短時間使用的「個室」。

發展區域基本上不是用來過夜的，若真想把這裡當旅館「住宿兼發展」，可以事先電話預約本館晚上10點後開放為住宿用的「個室」，有自己的房門鎖，想休息時可以不被打擾，想遊憩時可以到其他樓層帶人回房間，既玩得盡興，隔天也帶著好精神繼續行程，提昇這趟旅行整體的品質。

白天看完大阪城的巍峨，夜晚就來到北欧館體驗另一道壯麗景色。北欧館雖說像觀光地一般人人皆知，整體上來說比較像是在什麼都有的大型超市裡買菜；想要在專門店精選類型，周邊「堂山」或「中津」一帶客層分類清楚的中小發展場反而更可能遇到適合自己的好菜。

BOX

費用追加說明

YOUNG優惠價（需出示證件）
25歲以下：入場1200円，住宿1700円
39歲以下：入場1800円，住宿2300円
40歲以上：無優惠

個室（個人專用房，入場費用之外另需付費）
2小時休息（04:00am-10:00pm）2000円／2400円
住宿（10:00pm-隔天12:00pm）3000円（和室，無衛浴）／3500円／4000円起
※和室之外皆備有淋浴設備。
※有洗手間的房間較貴。

⑫ OSAKA SPEED

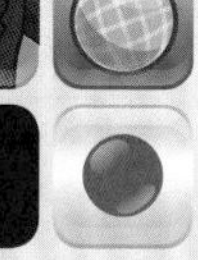

大阪市北区中津 1-2-21 中津明大ビル B1

06-6372-7098

www.ko-company.com/hatten/o-speed/top.html

24 小時

1500 円，18cm 大屌 500 円，20cm 以上大屌免費入場。23 歲以下 1000 円，外國人折價 300 円（限 International 活動時，需證明）。入場超過 14 小時後每小時加 150 円。

地下鐵中津站．梅田站／ JR 大阪站

從阪急電車梅田站直走即可走到，是最不需要找路即可輕鬆到達的發展場。沿著鐵道下方（阪急三番街）一直走約 10 分鐘，就會走到一個頭上有發出巨大聲響的電車鐵橋的複雜路口，其中一角是 Family Mart，對街有個相當明顯的亮著一盞燈的地下入口，入口處白底黑字寫著「KO」。

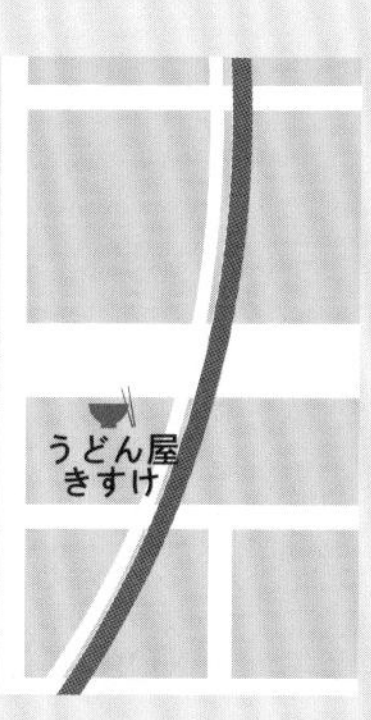

1. 沿阪急電車鐵道下方直走約 10 分鐘抵達電車鐵橋

2. 在路口一角找到 FamilyMart 便利商店

限定35歲以下的青春系發展空間

不少人只聽說了「北欧館」就直往那裡衝，事實上SPEED的知名度在圈內和北欧館不相上下，加上35歲以下才可入場的限制，客層年輕化，是許多當地人「此生第一次去的發展場」，亦即有可能遇到比自己還「資淺」的日本人，最適合想「嘗鮮」的朋友。GV名作《発展場24時番外編@OSAKA SPEED》就是全程在本場拍攝的。

場內的構造中令人印象深刻的是為數眾多的「空間」與「轉角」，引導出豐富的動線與視線，彷彿「打游擊戰」般刺激；遇到「DARK NIGHT」時，全場的亮度減到最低，刺激中再加上驚悚；週末時來客特別多，快意的呼喊聲在偌大的黑暗空間中此起彼落，令人慾望沸騰，心跳加「SPEED」。

SPEED的一大特色是大開雙臂歡迎外國人來場，更設定週六

3. 對街有亮著一盞燈的地下入口，入口處白底黑字寫著「KO」

為「Global Place」，外國人可享300円折價優惠（需出示證明），這樣的設定在日本非常少見，和某些擺明「外國人禁入」的場所大相逕庭；23歲以下的外國人更可享有雙重優惠，700円就可進場。這個設定的最大好處是想藉此認識外國人的當地來客很有可能特地選擇這一天來店，說不定還有機會可以彼此認識成為朋友。

本店的重點玩法是以各色的腕帶將特徵與需求分類，一眼就能看出正確對象，請熟記以下分類，入場時向櫃檯索取腕帶：

號別	一號=右腕	零號=左腕	皆可=腳踝（左右皆可）	
特徵	藍色＝大屌	白色＝健身者	粉紅色＝學生或20歲以下	黃色＝想肛交

也就是說如果你是「大屌一號」，就索取藍色腕帶繫在右腕

；如果你是「想肛交的零號」，就索取黃色腕帶繫在左腕；甚至如果你是「想肛交的大屌一號」，就索取黃、藍兩個腕帶！大方地標示自己的喜好，更能提高效率多吃到一些好菜。

本店頻繁舉行主題活動，皆公布在網頁的日程表上；但看不懂也沒有關係，對外國人非常友善的本店在店內備有各種外文說明（包括如何測定大屌），用手指一指就通，不必擔心語言問題。另外，如果你帶著大件行李來店，也可以寄放在櫃檯內。這樣懷著「國際視野」、為外國旅者著想的發展場，實在很稀有。

13 RANGER

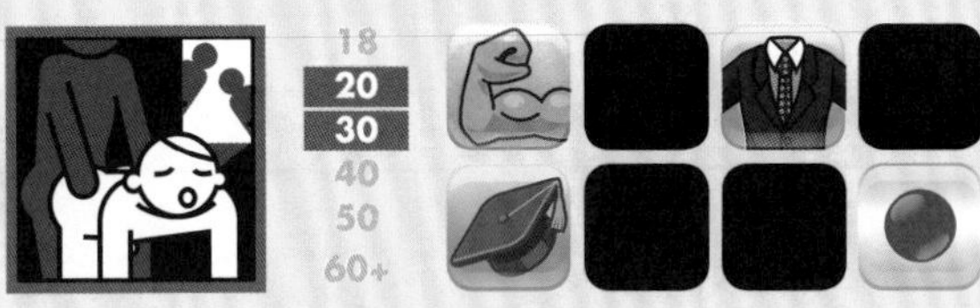

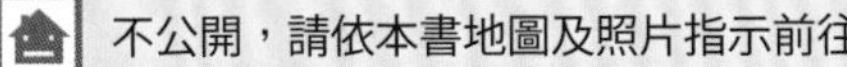

不公開，請依本書地圖及照片指示前往

06-6720-8986

www.ranger-osaka.jp

04:00pm ～ 05:00am

採會員制，第一次入場為 1300 円，學生或憑健身會員證 1000 円。10:00pm 之後入場 1000 円，其他時間為 1300 円；04：15pm ～ 04：45pm 間進場 800 円（但超過 00:00am 必須加付 1000 円，且一旦外出後須重新收費）。每週四公休。

地下鐵「中津」站

走出地下鐵「中津」站 2 號出口右轉，經過鮮明黃色看板的「船場」咖哩店，過了「中津パークビル」後在紅綠燈前右轉穿過大樓與大樓的通道後，直進至小十字路口左轉，看到左側一棟有黑色拉門、門把上寫著「出入口」小字的獨棟屋子即達。

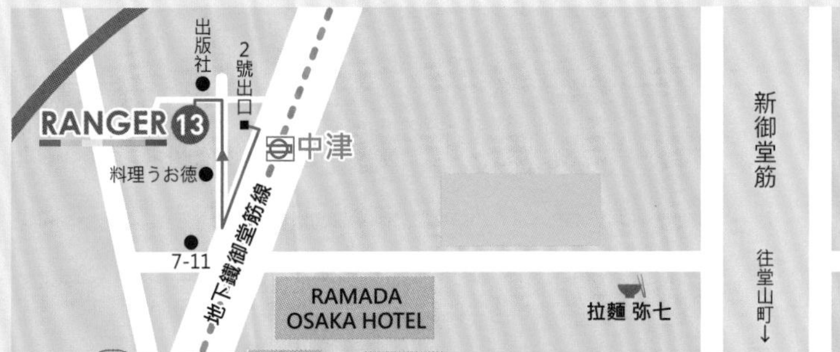

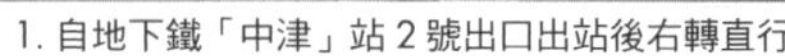

1. 自地下鐵「中津」站 2 號出口出站後右轉直行

2. 經過鮮明黃色看板的「船場」咖哩店

商業大樓間的隱密狩獵空間

越是這種不公開地址的發展場，越是刺激。位在商業大樓林立的小巷中，有什麼樣的人們來此發展，可想而知。本場設定為亂交空間，不過近年因為諸多限制，仍然必須進入房間鎖上門來進行「戰鬥」。

本場特徵是必須「檢查身材」，並有年齡與外型限制，必須是39歲以下短髮、平頭、健壯、短鬍等G-men型，肚子突出的也無法進場，十分嚴格。進門後先在窗口付費，工作人員會說一些關於身體檢查的事項，然後上二樓更衣區放好隨身物，脫去所有上衣，回到一樓，讓工作人員在櫃台窗口內檢視一眼你結實的上半身，便會得到會員卡，當場填上身高、體重與年齡，即完成手續。

3. 過了「中津パークビル」後在紅綠燈前右轉穿過大樓與大樓的通道後

4. 直進至小十字路口左轉

5. 看到左側一棟有黑色橫式拉門、門把上寫著「出入口」小字的獨棟屋子，抵達！（地址、照片不公開）

在場內須穿著另外自備的低腰內褲、競賽型泳褲、運動用貼身底褲，可別將原本穿在身上的內褲直接穿去發展。進入內部就猶如在叢林獵食般，恰到好處的場內燈光與動線讓人更有「追」與「捕」的快感，眼前一具具經過嚴格把關的穿著小褲的誘人結實胴體，令人失去理智，慾望噴發。

三樓和四樓為昏暗的發展空間，場內設備齊全，除了免費的保險套、潤滑液與漱口藥水之外，並售有3000円四顆的「威哥王」，還有35分鐘2000円附助曬凝膠的日曬機可使用，每個隔間都貼心地準備了潤滑液和套子，給下班後來遊玩的上班族可以省去帶道具的不便，就算是一時「性起」前去發展也不必擔心道具問題。

本場在堂山「EXPLOSION」舉行壯男活動常會合作，憑活動腕帶或是折價券在規定時間內入場可享優惠，可以確認是否有類似優惠；若能先在「EXPLOSION」活動中找尋到對象，然後一起前往本場發展，那這趟旅程真是太完美了。

14 G-area

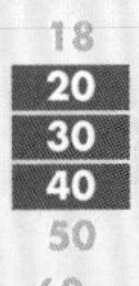

 大阪市北区兎我野町 3-3 兎我野ハイツ B1F

 06-6366-2212

 homepage2.nifty.com/g-area

 05:00pm ～ 01:00am，每週四公休

 05:00pm ～ 06:00pm 入場 800 円，06:00pm ～ 08:00pm 入場 1000 円，08:00pm ～ 01:00am 入場 1200 円，飲料另計。

 地下鐵梅田站／ JR 大阪站

 ①進入 Park Avenue Doyama（パークアベニュー堂山），不斷直進約 200 公尺；②直到一處可見拉麵店的小十字路口後，右轉直進直到大馬路；途中會經過神社；③過馬路後再繼續直進，直到角落有韓國餐廳「味家」的路口左轉；④直走約 20 公尺後會看見一棟門口停滿腳踏車的「兎我野ハイツ」。本場位在地下一樓。

1. 進入 Park Avenue Doyama（パークアベニュー堂山），不斷直進約200 公尺

2. 直到一處可見拉麵店的小十字路口後，右轉直進直到大馬路；途中會經過神社

4. 在角落有韓國餐廳「味家」的路口左轉

5. 直走約 20 公尺後會看見一棟門口停滿腳踏車的「兎我野ハイツ」。

3. 過大馬路後，繼續往「大原專門學校」旁的巷內走去

6. 本場位在地下一樓。

坐吧台全裸飲酒
聽身後砲場實況

GMPD專（胖、壯、「身高－體重小於100」）的朋友們，這是個屬於你的、融合發展場與酒吧的奇妙空間，環境的99%為打砲而設計，只有四五個座位的小吧台作為找人與休息的緩衝區，其他空間皆為「獵區」。由於在地下室，入口已經不明亮，而店內除了吧台與浴室算是明亮之外，其他都只有微微的燈光，神祕感倍增。

一進門店主會來迎接並收費，然後就立刻要脫去所有衣物，放在置物櫃中，拿鑰匙向店主交換毛巾。拿到毛巾，先前往浴室洗澡。浴室在整層樓最裡處，店主通常會主動指示位置。洗完澡後，前往吧台點飲料，和店主寒暄幾句，並看看有沒有人已經坐在吧台可釣。

象徵性地將飲料喝完後，獵食就可隨時開始。整層樓即便用隔板隔出區域，隱密性卻很低，你能觀賞進行中的別人，別人也能觀賞進行中的你，甚至參與其他人們，變態度極高。

別忘了，吧台就在隔間旁，因此隔間裡的人們如何叫喚呻吟，坐在吧台的人可是聽得一清二楚。即便處處隔著布簾，不僅沒什麼遮掩作用，反而讓人興起窺探的野性，加上恰到好處的燈光暗度，一切若隱若現，隨著節奏感強烈的樂聲探尋獵物，充滿樂趣。

因為整個空間不小，容易感覺客人不是很多，當中少有年輕人或學生，大致上聞得出來「社會人士」的氣息，有些算是「叔叔輩」。由於這樣的空間設計與主題概念，來客的變態指數也相對較高，甚至還有純粹希望被虐與被觀看的，在隔間裡淫亂遊戲後，來吧台飲酒時卻是正襟危坐，完全無法聯想跟剛剛是同一個人，不禁讓人在心裡暗嘆「黑瓶子裝醬油」。也就是因為能看到這種表裡落差，更引發人脫去面具、徹底解放的衝動，玩起來也就更刺激有勁，和大型三溫暖的「逛市場」大異其趣。

其中一處隔間有面大鏡子，鏡子上為數驚人的「精痕」，讓人性奮莫名。若厭倦了典型的大型發展場，這裡是一個提昇自己「經驗值」的隱密空間。

15 G-PLATZ

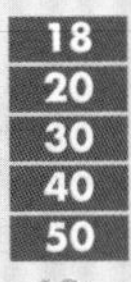

 大阪市北区堂山町 11-2 松ノ木ビル 5F

 06-6312-9602

 g-platz.com

 01:00pm(週末為 12:00pm) ～ 00:00am

 1700 円。平日 05:00pm 前、週末 04:00pm 前入場為 1500 円。18-22 歲學生憑證明 500 円。週三西裝日，30 代 -1500 円／ 30 代 - 著西裝 -1200 円／ 10-20 代 -1000 円。

 地下鐵梅田站／ JR 大阪站

 走到 Park Avenue Doyama（パークアベニュー堂山）的中後段，往右側建築物頂上看建物招牌，進入大型汽車旅館「AXIS」與「hotel element」間的巷子（巷口為停車場入口），巷內左側有家以耶誕節與紅綠色為視覺主題的賓館，走進賓館側面的小巷直進，即可看到黑底黃字「堂山 山よし」小招牌黃色建築，一樓為「堂山小劇場」，搭電梯上五樓即達。

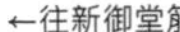

Park Avenue Doyama（パークアベニュー堂山）

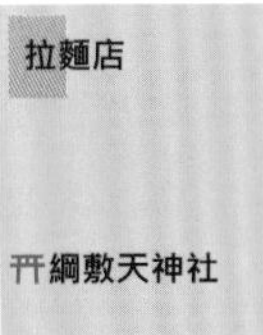

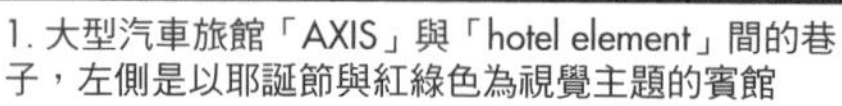

1. 大型汽車旅館「AXIS」與「hotel element」間的巷子，左側是以耶誕節與紅綠色為視覺主題的賓館

2. 向賓館側面的小巷直進

省時省事 別有洞天

雖說在三溫暖和發展場脫衣找人刺激有趣，但步驟多且過程耗時，對身著西裝的上班族來說效率極差，這時他們就選擇了不必脫衣脫鞋也能玩的「Video Box」，一間間昏暗狹小房間中僅有播著GV的螢幕、一張椅子、和一盒面紙。

可是誰在意螢幕播的是什麼呢？目光當然是集中在小房間的三面牆上的屌洞，隨時有巨龍伸進來要你擦亮眼；若同時有雙龍探訪，一口一手接招好是忙碌！當然你也不必客氣，可以大方豪邁地把屌堂堂地伸到隔壁房去任對方品嚐，感覺對了，房間與房間之間的牆是道活動門，打開門邀對方過來進一步發展！

若成功邀到中意對象而不想被其他人打擾，可用一旁的黑色魔鬼氈貼布將屌洞一個個蓋上，成為兩人的專有空間，在裡面要

3. 即可看到黑底黃字「堂山 山よし」小招牌黃色建築，一樓為「堂山小劇場」

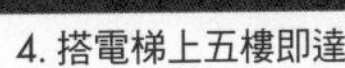
4. 搭電梯上五樓即達

脫衣要做啥就隨意了。喜歡被偷窺的你，甚至也可以把牆上的窗整個打開任人觀看，享受被窺視的快感。

在每週三的「西裝日」時多數人身著西裝，好似周旋在辦公室男同事間，與平時不苟言笑的上司在狹小休息室中相逢、享受祕密的歡愉，充滿嫉妒的同事從一旁的小洞窺探著……空間雖小，幻想無限！

週三身著西裝入場可享優惠價，29歲以下和學生則更便宜。櫃檯的工作人員會問你需不需要使用置物櫃，並給你一張飲料券並問你要什麼飲料。鑰匙一把為置物櫃用，一把為觀片小房間用。因為沒有可以淋浴的地方，玩完想舒爽地離開的話，記得自備清潔用品。

16 GEO-FRONT

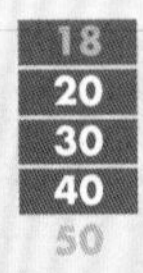

 大阪市北区堂山町 8-18 霧島レジャービル B1

 06-6949-8411

 www.geofront-osaka.com

 12:00 ～ 11:00pm

 1500 円。學生、22 歲以下憑證 1000 円，穿著西裝 1200 円，健身房會員憑證 1200 円，西裝 + 健身房會員 1000 円。09：00pm 後入場 1000 円，10：00pm 後入場 500 円。

 地下鐵梅田站／ JR 大阪站

 走進 Park Avenue Doyama（パークアベニュー堂山），直走約 100 公尺後，往右可以看到一棟「霧島レジャービル」，本店位於地下室。

穿著西裝的網咖發展場

這可能是整個關西地區最容易進入的一處發展場了。簡單地說，你只要想像來到的是一間明亮的網咖，來到這裡上網看漫畫，因此不必脫鞋，不必脫衣，不必與店員對話。以「地下空間／地下打造的城市」為概念，漫畫、雜誌、飲料、電腦等一應俱全，來客們靜靜地看著自己的手機電腦，看來和一般的休閒網咖沒有差別，但一股特殊的慾念卻瀰漫在空氣中，是一處「假正經，真慾望」的發展空間。

別忘了穿西裝打領帶來。本店過去規定穿著西裝才能進入，現在雖然放寬了限制，但是來客仍然多為西裝男。來客們你偷瞄我，我偷窺你，好似在公司的休息區巧遇心儀以久的同事，忍不住一再窺探那貼身西裝襯出的美好體格，不禁緩緩地將手伸過去試探……

店內前半部為明亮的閱覽區，後半部則相對昏暗，只有電腦

螢幕發出的光和幾盞照明，像是在夜裡眾人下班後的辦公室；一個個的小隔間壁上開著足以讓手臂穿過的洞，可窺視，也可與隔壁的人「暗通款曲」，若情投意合，最裡處設有一個小隔間，當中設有躺椅和面紙，等待著你們使用。

還有多項貼心服務：憑收據可以當日無限制進出，到樓上酒吧喝一杯再回來找人也沒有問題；各種Gay情報誌與大小活動傳單，沒做功課也可掌握資訊；網頁上排列著各國國旗，表示著來此休憩與國籍無關，外國人也可放心來店；手機沒電了，這裡準備著各型手機充電器，也可以用自備充電器充電。

可休息、可充電、可發展、可獲得資訊，是一處旅程中的「G-補給站」，喜歡西裝男的你更不能錯過。

17 Daikichi(大吉)

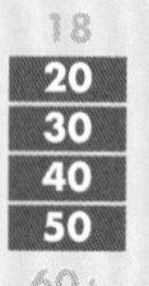

 大阪市北区堂山町 12-12

 06-6361-3270

 www.jack-box.com/daikichi/

 24 小時

 入場 1800 円（04:00am ～ 00:00am），住宿 2300 円（07:00pm ～ 3:00pm）

地下鐵梅田站／ JR 大阪站

①進入 Park Avenue Doyama(パークアベニュー堂山)，在第一個路口左轉；②直進 50 公尺至「丸信旅館」招牌的巷子右轉進去後，沿途可見 Gay Shop「Orange」與「北欧館」，再繼續直進；③走到賓館「APPLE HOUSE」前即可看到對面外表像一般公寓的本館。

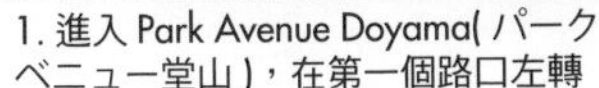
1. 進入 Park Avenue Doyama(パークアベニュー堂山)，在第一個路口左轉

2. 直進 50 公尺至「丸信旅館」招牌的巷子右轉進去後，沿途可見 Gay Shop「Orange」與「北欧館」，再繼續直進

3. 走到賓館「APPLE HOUSE」前

4. 即可看到對面外表像一般公寓的本館

三溫暖兩巨頭比比看

簡單地說這是和「北欧館」沒有太大差別的三溫暖，規模比北歐館小一些，但視覺上簡潔清爽很多，且設備十分完整，樓上還設有健身器材。

比較明顯的不同是客層結構。在這裡我們試著歸納了兩處的客層，讓您很快地可以選擇自己該去哪一家：

→如果您不喜歡遇到50、60歲以上的伯伯，去「大吉」不會遇到，因為「大吉」的年齡層設定在20代～40代。

→如果您是39歲以下的零號，而且想遇到40代的一號叔叔，去「大吉」機會較大。這是因為「北欧館」的「Blue Zone」地下室，只有39歲以下才可進入，無法進去又想和年輕人玩的40代一號叔叔比較會往「大吉」走。

→如果您是一號，則去哪一邊都差不多，但若想遇到25歲以下的年輕人，「北欧館」的「Blue Zone」可能選擇較多。這是因為25歲以下進入「北欧館」比單一價位的「大吉」便宜，為此而去的人可能較多。

→如果您是40～49歲，「大吉」的入場費比「北欧館」便宜一點點。

→您若不想遇到太多又瘦又白的年輕人，去「北欧館」比較好。

→「運動體型、肌肉精壯、熊、胖」還是「北欧館」比較多。

兩大三溫暖唯一的共通點，可能是員工對來客的高姿態，以及對外國客人不經意透露出的不屑吧。

祝您「發展大吉」！

18 淀川河岸

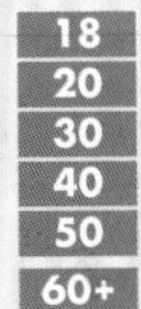

地下鐵御堂筋線「中津」與「西中島南方」間的「淀川」鐵橋下周邊

無

無

天黑之後

無

地下鐵御堂筋線「西中島南方」站

①搭乘地下鐵「御堂筋線」至「西中島南方」站自 2 號出口出站，或是搭乘阪急電車「京都線」至「南方」站後，往河岸方向走去；②遇河堤後，由斜坡或階梯走上河堤。

夏季野外發展聖地

梅田的北側為主要河流「淀川」，跨過堤防後是廣大的河濱公園，白天常有人慢跑、打球、放風箏，即使有人活動，還是有許多視線死角，便成了露天的發展空間，特別是到了夜晚一片漆黑，只有月光與鐵橋上呼嘯而過的電車可當照明，與人齊高的雜草間出現的男性人影，多半是前來發展的；來此的人多半藉由手機，告示眾人自己在什麼位置，並想要如何發展，願意冒險來這此發展的，常常慾望異於常人，有的希望被從後面玩，有的希望被虐待，堪稱慾望大觀園。

河濱上設有幾處座椅，夏季時甚至還有人在這裡裸曬，是最明顯的發展標的。當中有一區域設有傘造型的休息亭，也是人氣發展點。

真想要去探險的話，最好在天黑前先把整個區域實際走過一

次，比較能掌握方向（至少知道哪一區佈滿爛泥）。

刺激歸刺激，還是要承擔一些風險的。過去曾發生專門攻擊同志的惡徒襲擊事件，也有故意騎機車前來騷擾的好事者。雖說不必花錢，這裡畢竟是人煙稀少的戶外，建議以參觀的心態去看看即可，不見得要真的親身體驗，以免觸法或遭到傷害。

值得一提的是黃昏時從這裡眺望河的另一頭的梅田景色十分美麗，以「梅田藍天大廈」為視覺中心的高層樓天際線，勾勒出層次分明的夕陽圖繪，很適合散步和攝影。

專訪KO集團當紅G片男優古河 勝

圖片提供／KO COMPANY

姓名：古河 勝（Koga Masaru）
職業：G片男優，Number06成員
身高：173cm
體重：85kg
長度：15cm
代表作品：「体育会脱ぎ接客カフェ」（體育會脫光服務Café），「僕の玩具は体育教師」（我的玩具是體育老師），「ノンケと恋したひと夏の想い出」（愛上異男的夏日回憶）

Q：當初是如何進入G片業的？

A：我是個對於未知的世界特別感到好奇的人，所以想試試在G片中演出！（註：本身為異性戀者）

Q：和男人做愛前有什麼期待或擔心嗎？

A：能夠體驗沒經歷過的快感讓我很期待，不過也擔心會不會很痛。

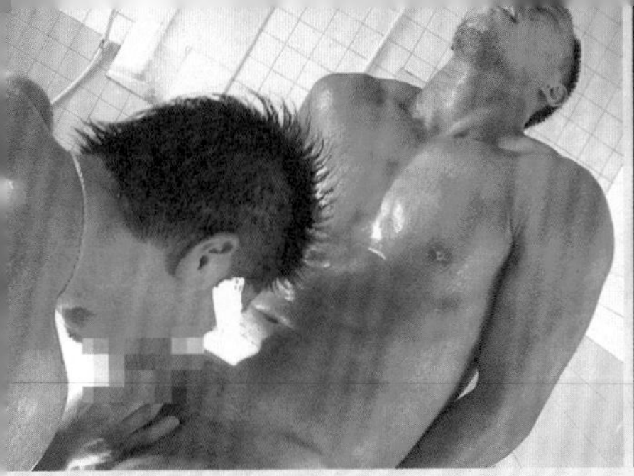

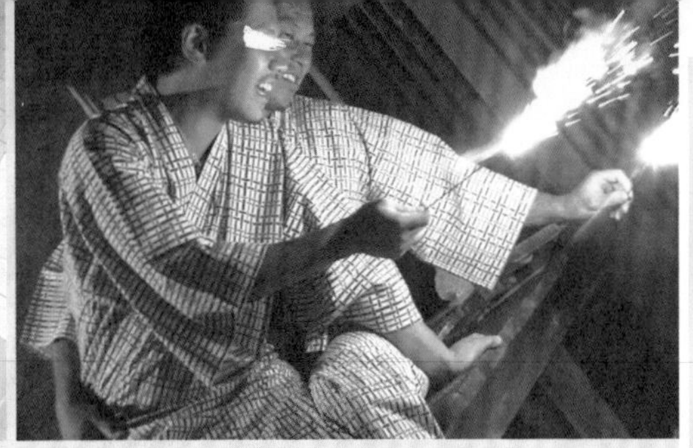

Q：覺得「還是跟男人做比較好啊」的瞬間是什麼？

A：和男人的激吻。越激烈就越本能地感到興奮！

Q：有什麼讓對方感到舒服的祕訣嗎？

A：做愛之前先好好對話，以及製造氣氛。努力讓對方能夠了解自己的好、讓對方喜歡自己。

Q：在拍攝影片時讓人感到性慾大張的方法是什麼？

A：不管做愛如何激烈，都不會忘記感到羞恥這件事情！

Q：您覺得自己最有魅力的地方是什麼？

A：我對於「將自己的想法傳達給對方」的對話能力很有自信。
還有，肌肉！

Q：至今最開心的和男人的做愛經驗是？

A：發狂般地一整晚邊做邊激吻！

Q：您演出過有劇情和台詞的作品，演技十分精采。心得是什麼？

A：好好地理解觀眾希望看到什麼樣的角色，並發揮在演技之中。

Q：您最推薦自己的哪一部作品？

A：《ノンケに恋した夏の思い出》。在當中我的角色和真實生活中的我非常接近，所以非常貼近真實！

Q：作品中希望觀眾注目的地方是什麼？

A：希望大家能看看我能挑起人情慾的自豪筋肉體質，以及在做愛時因為真的感受到而發出的真實呻吟與喘息聲！

大阪・梅田＋中津
商店・餐廳・同志中心

19－26

資訊豐富的同志活動中心、優質男群聚的 café，
助您改造自我的美容院、夜裡溫暖心頭的拉麵、
原汁原味的 G 片天堂……
請好好豐富這趟關西旅程吧！

chapter 3

19 dista同志服務中心

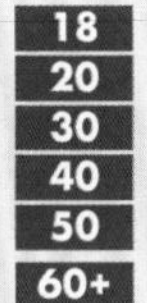

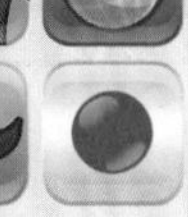

大阪市北区堂山町 17-5 巽ビル 4F

06-6361-9300

www.dista.be

05:00pm ～ 11:00pm，每週二及新年假期公休

無

地下鐵梅田站／ JR 大阪站

在 Park Avenue Doyama（パークアベニュー堂山）入口即可見左側「北欧館」圓形燈牌旁「巽ビル」大樓。夜間大門關閉時，從側面小巷弄鑽進去，第二個門上有明顯的白底黑字「dista」字樣。搭乘電梯上四樓。

1. 進入 Park Avenue Doyama(パークアベニュー堂山) 即可見左側「北欧館」圓形燈牌

2.「巽ビル」夜間大門關閉時，由一旁狹窄小巷中進入

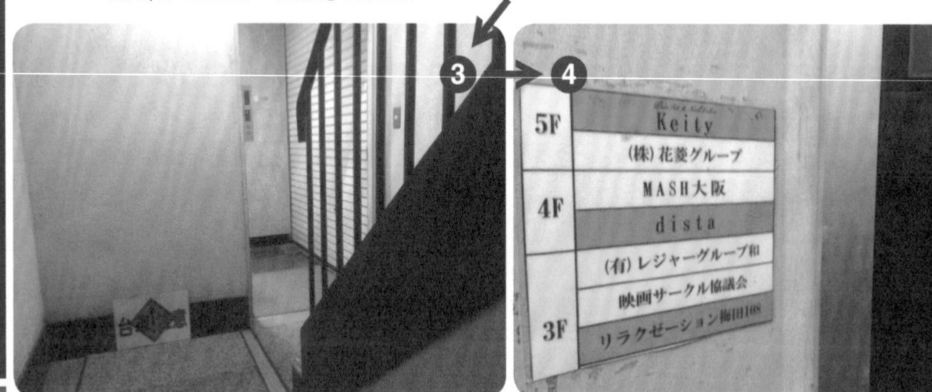

3. 打開門口樓層表中寫有「dista」的小門（小心不要開錯門），玄關最底處有電梯

4. 搭乘電梯上四樓

堂山第一站「同志旅行諮詢處」

來日本前來不及做功課，想知道該去哪裡、哪裡有什麼活動嗎？同志中心「dista」的牆面上，網羅了全關西地區大大小小的

夜店活動傳單與店家資訊，即便是當天晚上即將舉行的活動，來到這裡拿了傳單再前往都來得及；大部分的活動都是憑傳單折價

或贈送飲料，不拿損失大！就算沒打算去玩，大型活動的傳單總印有頂尖Model的性感照，拿了當紀念品也不錯呢。

您和朋友也可以把這裡當做集合地點。許多當地人純粹約了朋友來會合一起去玩，坐在沙發上看手機誰也不理睬。晚上若與日本朋友相約在堂山，來這裡會合不怕日曬風雨。外國人也很常見，因此不用擔心來到這裡會受到特殊的眼光。

這裡也定期舉行各種活動：像是邀請帥氣的專業咖啡師前來，付一點點錢就能品嚐純正的咖啡；還有能喝到各種珍奇茶品的東方茶會等，整個空間瞬時變為優雅的喫茶店；若遇到活動時前來，一邊喝茶還可以順便認識新朋友。（不參加活動的人也可以自由進出使用空間。）

除了硬體設備，對關西同志活動內容無所不知的工作人員們，能告訴你各店家、發展場與活動場所的走法和玩法。因為許多外國人的來訪，dista製作了讓外國人在關西地區遊玩起來更方便的各國語言指南手冊；解決了語言問題，玩起來更如虎添翼。

因為晚上八點以後建築物大門關閉，因此大多由狹小巷內裡的側門進出，入口處和電梯裡都有清楚的標示，不用擔心走錯地方。把這裡當做關西同志之旅的起點，必定讓你有滿滿的收穫。（至少可以來上廁所！）

dista 出版的刊物，小巧精緻令人愛不釋手。

20 カフェ・ダイニングバー「ラビレヴ」(Café & Dining Bar Ravi,e Reve)

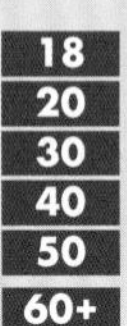

 大阪市北区中崎 1-8-8

 06-6136-3930

 ravierevve.exblog.jp

 12:00pm ～ 00:00am（午餐 12:00pm ～ 05:00pm），不定期公休

$ 飲料約 400 円起

 地下鐵谷町線（紫色）中崎町站

 地下鐵「谷町線 中崎町駅」下車，1號出口右轉即達。但該站就在堂山附近，若人已經在堂山，參考地圖問路徒步到「中崎町駅」或「天五中崎通商店街」更省事。

吃得到家庭料理的昭和摩登空間

在五顏六色的堂山待到厭倦的話，稍微走一點路到附近的地下鐵「中崎町」站，可以在商店街輕鬆地找到這家café。推開極度厚重的木門，店內昏黃的燈光、輕快的音樂、以及兒時曾經在哪裡看過的花樣熱水瓶與投幣式粉紅色電話機……都帶出濃郁的懷舊氣息。木質長桌下放著幾本昭和20年代的裁縫雜誌，讀起來令人入迷。一瞬間彷若時光停留，旅行的疲憊也頓時消除。

飲料從400円的彈珠汽水起，到600円的抹茶牛奶都有，也有600円左右的信州名酒；但光喝飲料不如加上店主特製的使用各種食材、口感綿密濃郁的手工蛋糕。想要用餐的話，可以嚐嚐

長野縣出身的店主烹調的家庭口味定食，不用白飯而用糙米，附上味噌湯與小菜；當中魚肉定食的香濃最令人印象深刻，有一種「媽媽的味道」；700円起跳，非常實惠。

也許是店主本身的喜好，店裡的音樂多以「Spinna B-ILL」之類帶有昭和情調的雷鬼音樂為背景音樂，成為躍動感情調和精簡俐落的空間。店內有時也舉行攝影展，並販售手工香皂與飾品等雜貨，說不定能挑到適合自己的紀念品。

本店不是同志店，但因為離堂山不遠，若不想大量吸取龍蛇雜處的堂山氣味的話，可到這裡來調節一下心境，順道逛逛普通的商店街，為旅行填入一點懷舊色彩。（順道一提，本店對面的木質家具雜貨店「MOKU（木）」（右圖）也挺有意思的。）

21 Café AVANT

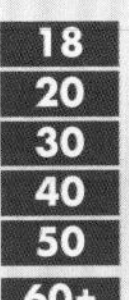

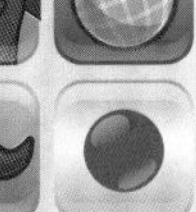

 大阪市北区万歳町 3-3

 06-6130-0555

 www.cafe-avant.com

 Day time 02:00pm～05:00pm，Night time，05:00pm～11:00pm（週末與假日 01:00pm 起營業，週末與假日的前一晚午夜打烊。每週二公休。）

 約 500 円起

 地下鐵梅田站／JR 大阪站

①走到堂山主街的最後段有數台香煙販賣機的小路口左轉；②不斷直進到一處叉路，其中一角為雙層停車場，沿著停車場坡道旁的巷子直進；③右側民宅中外牆為橫條木質圍籬的一戶即為本店。

1. 堂山主街的最後段有數台香煙販賣機的小路口左轉

2. 直進到一處叉路，其中一角為雙層停車場，沿停車場坡道旁的巷子直進

鐵面店主 優男群集

這間Café的內裝就和網站照片上看到的一般洗練優雅，陽光透過玻璃落地窗透進舒適的沙發座，吸引了類似質感的優質客人們，穿著他們的A&F來此享用每一杯都由店主親手調製的飲料，度過他們彷彿活在潮流雜誌彩頁中的品味時光。

問題來了。想坐愜意地坐在沙發上？「那是四人以上的座位。」身材魁武的店主用低沈的聲音說，帶著一種絕無妥協可能的莊嚴感，不容忤逆。接到Menu，店主一言不發，不苟言笑。除了付帳，直到最後店主和壯碩的店員都不會再和你有任何交集，包含心靈上的。去了幾次都是這樣，周圍友人也都有同樣感想。

這樣風格的一家店，種類豐富的飲料卻出奇地便宜，餐點也十分美味，不禁好奇沉默的店長與店員兩人有沒有做不出來的東

3. 右側民宅中外牆為橫條木質圍籬的一戶即為本店

西。雖然沒有設定為同志café，但從沒看過有女性客人。店內的後方為本店的實體——網頁公司的工作區，café其實算是公司用來商談與聯誼的Lounge，因此以公司的使用需要為優先，即便在營業時間內也有無法進去消費的可能。

推薦這家店的理由無非是因為「環境佳」、「餐飲美味」、「帥哥多」與「價格合理」，幾乎匯聚了一家好店的所有要素。也許店主想給人一種「回到家的感覺」，但令人很想知道店主設定的是究竟什麼樣背景的一個家庭⋯⋯

大阪同志書店、商店

京都和神戶的Gay Shop近年一一撤退，要購買二手G片或相關雜貨都得到大阪。近年的日本雜誌都報導了台灣同志大遊行，說不定可以在以往的雜誌中看到自己的照片。在店裡挑選商品時也時也會遇到不錯的人，別忘了適時發揮您的觀察力與行動力。

22 KO SHOP 大阪店

大阪市北区中津 1-2-21 中津明大ビル B1
06-6372-7099
24 小時
地下鐵御堂筋線中津站 4 號出口
從堂山前往方式①從「阪急電車」順著「阪急三番街」走向「茶屋町」方向約 10 分鐘；②到大鐵橋路口可見對面 Family Mart；③便利店對街大樓地下室入口有盞明燈，掛有白底黑字「KO」標示。

是關西G片龍頭KO COMPANY的直營店，有如KO作品的OULTET一般，理所當然地可以找到從最新到最經典、甚至已停產的KO作品；強大的二手片收購系統「第一倉庫」網羅各家佳片並以特惠價出售。除影片外，G-men、Badi雜誌、情趣用品、KO限定版「Kumabati（熊蜂）」商品、日式丁字褲「褌」等一應俱全。24小時營業，並連接多次成為G片拍攝場地的名發展場「SPEED」，購物發展一舉兩得。

23 orange 堂山店

大阪市北区堂山町 16-19 イワタ会館 1F
06-6312-0076
11:00am ～ 00:00am
各電車梅田站
從堂山前往方式①走進「Park Avenue Doyama」至第一個路口左轉；②遇食堂「宮本むさし」右轉；③經過「丸信旅館本館」和數台販賣機即可見到店招。

去過新宿二丁目的話也許看過這店名，白底橙字的logo在眾多G商店中顯出一股清新氣息。到了堂山只要找得到北欧館，就看得到位在同一巷內的這家店，招牌鮮明，周圍沒有什麼店家，門口又總停著一台小小的腳踏車，牆上貼滿各家雜誌與近期活動的海報，小巧可愛的店門掛著布簾，很容易找到。商品以影片為主，也有雜誌與性愛用品；店鋪稍小，走個三五步就可以繞店一圈，很輕鬆地就能逛完。

24 コンボイ（CONVOY）堂山店

- 大阪市北区堂山町 8-18 松本レジャービル 2F
- 06-6361-3020
- 營業時間：12:00pm ～ 01:00am，年中無休
- 走進 Park Avenue Doyama（パークアベニュー堂山），過了第一個小路口後繼續向前走 20 公尺，往右會看到有一棟樓入口處明顯地設置了三台自動販賣機。搭乘電梯上二樓即達。

CONVOY全國各地皆有分店，在大城市中走到有Gay Bar聚集的地方幾乎都有這家店的存在。在堂山的店鋪位處多家Gay Bar所在的建築物中（就在05 MARKET酒吧的隔壁），黃底黑字的店招不保留地寫著「GAY Recycle」，一見便知。該店收購多數二手片，更新包裝後以二手價出售，有機會找到許多舊片；有些名片雖為二手但仍不便宜，不過價錢過低的反而可能意味該片不太受歡迎，選擇起來需要一些力氣。

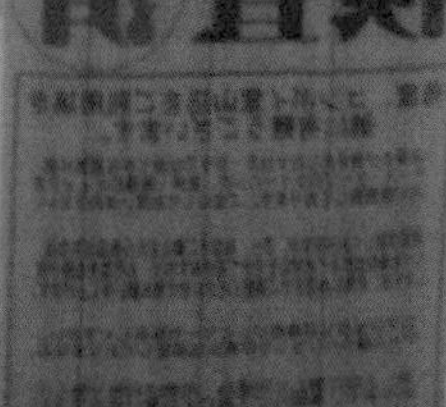

美容院

聽過有些日本圈內人說「台灣的Gay合照，看起來像Badi雜誌一個模翻出來的，都一個樣」。除了千篇一律的短髮短鬍加短褲，您還有其他更適合自己的選擇。到圈內人美容師在店的美容院換個髮型，聽聽造型師給你的意見；為了讓自己看了也高興，漂亮一下又何妨。

25 normal north (ノーマル ノース)

- 大阪市北区中崎 1-10-17 曾根崎料飲ビル 2F
- 06-6373-2006
- 12:00pm ～ 08:00pm，週五 03:00pm ～ 10:00pm（08:30pm 後加 500 円），每週一與第三個週日公休。
- normal.or.tv
- 剪髮 5000 円起
- ①地下鐵谷町線「中崎町」站 1 號出口右轉入商店街；②直進 80 公尺遇有傳統理髮店的小路口左轉（紅色郵筒為標的）；③直進 30 公尺左側見「曾根崎料飲ビル」即達，可見本店橘色店招。

網站非常可愛！兩位優Gay與一女為各種客人服務。環境明亮舒適，一邊剪髮一邊東南西北地聊天。服務項目眾多，燙染剪外，還有指甲美容和500円洗頭。需以電話預約。

26 Hair Salon Kelopakbunga
(ヘアサロン クロパブンガ)

- 大阪市北区黒崎町 12-19
- 06-6373-9030
- 10:00am ~ 07:00pm，不定期公休
- hair-kelopakbunga.com
- 剪髮 4200 円起
- ①地下鐵堺筋・谷町線「天神橋筋六丁目」站 13 號出口右轉直進巷內；②直進 100 公尺遇郵局左轉；③途中經過食堂、花店，直進 80 公尺處右側可見白牆木門三層建築物即達。

鄰近「日本最長的商店街」——天神橋筋商店街，帶有東方色彩與極簡風格的店內清爽明亮，有可愛的Gay美容師，不只提供剪染燙服務，也有正統的精油療程紓緩身心。可利用網站預約。

不管是去酒吧或發展場，其實都是挺花力氣的，走出店門後想滿足一下口腹之慾的話，來碗拉麵吧！看膩了台灣一般旅遊書最愛的金龍、一蘭、神座，推薦您四家Gay Bar店主客人口耳相傳的當地好店！

揚子江ラーメン名門
（揚子江拉麵 名門）

走進「Park Avenue Doyama」，第一個路口即可看到。

堂山街角的這家不起眼的拉麵店，清爽的湯頭令人驚艷，套餐附上的燉豬肉柔韌香醇，不習慣飯麵同餐的人也不會感到抗拒。有效率的「A Set」或「B Set」二選一點餐，免去溝通的麻煩。

吃一碗補元氣！
梅田周邊麵店

bird

請參閱06かず 地圖。在笑臉卡拉 OK 店前的小巷口可見黑底白字「bird」招牌。

這是「電視冠軍」的優勝者「熊谷達也」的店，最大驚奇莫過於大如臉盆的麵碗，以及麵上一團白色雲狀的東西──棉花糖！如同魔法般的美味，您可以親自體驗！

らーめん 弥七
（拉麵 弥七）

出地下鐵「中津站」1 號出口左轉沿 Ramada 飯店直走，經過公園即達。（參考第 73 頁 13 RANGER 地圖）。

這間店從排隊到吃完，幾乎大概要一個小時。最令人印象深刻的是它濃郁的湯頭，以及帶有嚼勁的麵條，到了後半段整碗麵漸漸有如魔法般轉變成另一種香醇風味。是什麼樣的味道讓人願意站在酷暑或嚴寒中等著享用？等待您去發掘。

うどん屋 きすけ

請參考 12 OSAKA SPEED 地圖，找到位於茶屋町的大型雜貨飾品店「LOFT」，跨過高架橋後左轉，遇路口右轉直進即可見到本店藍色遮陽棚。

這家是烏龍麵店，除湯頭美味、麵條有嚼勁之外，廚房內兩位優質的店主看來也和麵一樣美味……不妨嚐嚐巨星真崎航喜愛的「鯛ちくわ天と温泉たまごのぶっかけ梅トッピング」，加了鮮紅梅子的湯汁酸鹹爽口，搭上流出蛋汁的鮮滑溫泉蛋，味覺與視覺都被滿足了。

大阪
派對・舞廳・各種活動

不只有頂著 mirror ball 張牙舞爪的狂熱夜，
祭典、表演、workshop，
關西圈內還有諸多樣貌與風景，
狂歡、欣賞、學習、相遇，體驗到的，都是你的。

chapter 4

27 EXPLOSION

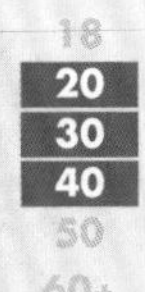

 大阪市北区堂山町 8-23 サンヨー会館 B1

 06-6312-5003

 www.ex-osaka.com

 08:00pm ～（週六 09:00pm ～），年中無休

 飲料 500 円起（視活動），Party 入場費約 2000 円。

 地下鐵梅田站／ JR 大阪站

走進「Park Avenue Doyama（パークアベニュー堂山）」，過了第一個小路口後繼續向前走約 35 公尺，遇見第一個明顯的路口，轉角是一間白色牆面的賓館，往右走進巷內即可看到黑底紅白字店招。

1

EXPLOSION 巷口轉角的白色牆面賓館。

週末夜狂熱　關西最HOT派對

就如同在台灣的數家國際馳名的夜店一樣，這裡正是關西地區的重鎮，即使整個佔地並沒有非常寬廣，重要活動卻幾乎都在這裡舉行！若正好在舉行活動的週末來到大阪，可以考慮去「朝聖」一番！

來到一樓入口，就能看到近期活動海報與傳單壯觀地陳列在牆上，知名的Go-Go Boy們皆在各個活動中演出，其中多數Go-Go Boy從東京遠赴而來；除了一般活動外，偶像音樂之夜、熱褲之夜、工人之夜、熊熊之夜、韓流之夜等，各種配合現今話

題的活動每週六火熱登場，其中每月必舉行的「Globe Kiss」是專門以外國人為對象的活動～或許你也可以以這個活動當作進入關西G圈的起點！

來客年齡層集中在20歲到40歲之間，外型皆屬「主流」。週六的夜晚小小的巷子中站滿了準備入場或出來寒暄抽煙的人們，依照不同的活動屬性，聚集的人們也有微妙差異，整體說來還是偏向短鬍短髮，至於胖瘦就各型各色了。內裝就如你在網頁上可以看見的，廣大舞池的一角是轉著閃亮mirror ball的舞台，Go-Go Boy或各式表演者就在這裡施展魅力；舞台右側即是長條的吧台，吧台內的店員們都挺可愛的。

建議你甚至可以以本店舉行的活動為關西之旅的指標，先參考本店網路上的日程表，可以清楚地看到活動主題，依著該活動的舉行日期安排你的關西行程，亦即週末夜（或有活動的假日前晚）住在大阪（梅田）車站附近的飯店，這樣一來就算在本店玩到深夜或清晨，一個人（兩個人？笑）用走的就可以走回飯店，不會為了交通問題壞了興致！

以上所說都是週末夜活動舉行時的情景，週末夜以外的平日，就回到酒吧平常的樣貌，燈光音樂依然華麗，不過身後是偌大的空蕩舞池，頗能感受到一股「繁華攏是夢」的悵然。

28 Village

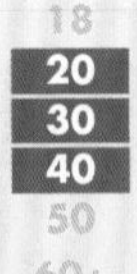

 大阪市北区堂山町 10-3 東通りビルディング 2F

 06-6364-7123

 village.digiweb.jp  toshixx0601@yahoo.co.jp

 07:00pm ～，年中無休

 飲料 700 円起（視活動），基本消費 300 円。

 地下鐵梅田站／ JR 大阪站

 位於與 Park Avenue Doyama(パークアベニュー堂山) 平行、熱鬧的「東通り」商店街最後段位置，在走到商店街尾端前，可見有棟建築的入口有可直達二、三樓的樓梯，本店位於二樓，掛有明顯大型彩虹旗。

Village
Shot bar & Live space

GRAND OPEN PARTY
2012 July 13・14・15
大人達の新たな楽園・理想郷をテーマに
Village
Shot bar & Live space
再び東通りに新たな伝説が上陸する!!

VILLAGE DX
Summer special 2012
2012.8.25.sat
夏
のこり最後の夏を盛り上げようぜ!!
先着50名にオリジナルミックスCDプレゼント!!
Village

Village
MIX
この夜、野性が目を覚ます。
NAVY
WILD MUSIC ROUNGE
2012.8.11.SAT
1500yen(1d) w/f (2d)

「堂山不能沒有Village」

雖然有EXPLOSION這樣的重鎮存在，但在關西地區同志的心中，Village更是一處精神象徵，好似從前的台北不能沒有Funky一樣。本店位於建築物的二樓，整體空間非常開闊，不但有表演用的舞台，更設有專業音響、燈光與後台，顯示全力呈現表演活動的用心，正如本店店名所揭示的，這裡不僅是一處「大人們的新樂園、理想鄉」，更是一處「ENTERTAINMENT PLACE」。

相較於同型由DJ所主導、讓大家來共聚共舞的中型娛樂場，本店的屬性更偏向由特定的圈內知名表演者呈現的「主題式同歡會」，主題千變萬化，除了最理所當然的鋼管Go-Go表演之外，還有像是copy偶像團體的「少男組」、豪華絢爛的變裝QUEEN群秀等，打破同志夜店「主流短髮俊男群集」的既定概念，再加上大阪獨有的搞笑文化傳統，表演內容華麗而詼諧，不似東京表

圖片來源／Village 官網

演者常讓人感覺到高不可攀，看來豐富愉快；當然依主題設定也會有女性客人來店，甚至有女性表演者登場，是一處跨越性別的娛樂場。

店員各型各色，有小野郎也有QUEEN；客層廣泛，長短髮、老中少都有可能出現，不過表演為主軸概念的本店，不會有太過令人意外的客人。音樂也以躍動感的舞曲為多，最令人訝異的是本店的價格設定，基本費用300円，飲料700円起，也就是說最低消費只需1000円，這在堂山同志店家中可是讓人驚訝的便宜；在表演之夜時前來，1500～2000円的門票附上兩杯飲料又可看表演，一石二鳥。本店隔壁同系列的「Café New York New York」在2013年開幕，以「屬於成熟大人們的舒活空間」為概念，男女同志與非同志都可進入消費，每逢週末也有各型表演演

29 Jack in the BOX

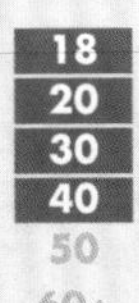

 大阪市北区堂山町 12-12 大吉ビル 地下 1F

 06-6361-3271

 www.jack-box.com

週五到週日 09:00pm ～

視活動定價，最低 1500 円起

地下鐵梅田站／ JR 大阪站

進入堂山主街後直走約 3 分鐘，過三個小路口後往左看，會看到兩台並列的自動販賣機，旁邊灰色牆上有和網頁 logo 相同的招牌。

in the
駐車禁止
駐車禁止

表演型態多樣的大箱子

日文提到「表演的場所」時，常俗稱「箱子」，正如同這間店的店名「BOX」一樣，是個不折不扣的提供各種表演用的CLUB。即便所在地已經是與堂山主街相較起來人煙較少的最後段，但每到週末時總是能看到參加本店活動的人們聚集在販賣機前，因此就算是夜裡也很好辨識。

每一次的活動都是一場壯觀的圈內風景：來自東京與名古屋的Go-Go、各地DJ匯集、名QUEEN們的華麗鬥艷、舞藝精湛的舞者、帥氣可愛的服務人員、妙趣橫生的串場主持秀……沒有本事絕對上不了這裡的台，看盡屬於日本同志圈特有的表演文化，很值得想深入認識日本同志世界的朋友前來一探究竟。

本店來客也不遑多讓，有些活動會提供穿著特殊裝扮的客人入場優惠價格，頗有台上台下較勁意味。沒有活動時，偌大舞池一旁的吧台提供各式調酒和軟性飲料，大螢幕上播映著時下流行的MV。本店並與大型三溫暖「大吉」相連（CLUB就與三溫暖在同一棟建築物，但入口不同；詳見本書第88頁），若有豔遇還可以順便到樓上的三溫暖交流一下……。

本店的活動也常與圈內企業或店家合作，例如GV大廠BRAVO!、自慰器TENGA等，參加表演間穿插的抽獎活動，有機會得到廠商們提供的禮物，有玩有喝又有拿。可惜的是店家本身的網站沒有張貼活動資訊，情報不易取得；若想去消費可先到本書第97頁的同志中心「dista」去拿取本店的傳單，以便在購買入場券時憑傳單獲得優惠，玩得划算又盡興。

健壯

熊
泳型

國際
本地

30 DX'ZUMANITY & NUDE

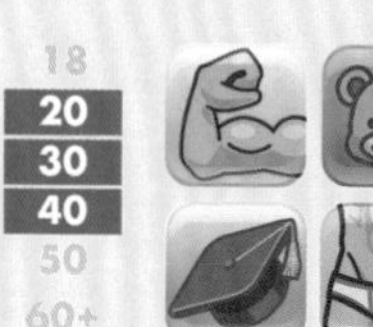

18
20
30
40
50
60+

 不定，最常在南區的 Hatch Namba 或 Zepp Osaka 舉行。AFTER PARTY 多在堂山的 EXPLOSION 舉行。

 無

 搜尋「DX'ZUMANITY」或「dxnude」

 DX'ZUMANITY 每年八月中旬，NUDE 每年一月上旬

2000 円～ 4000 円（有提早進場價等優惠設定）

 Zepp Osaka 市營地下鐵「大國町」站，Hatch Namb 市營地下鐵「難波」站。

Zepp Namba(Osaka)會場

なんばHatch會場

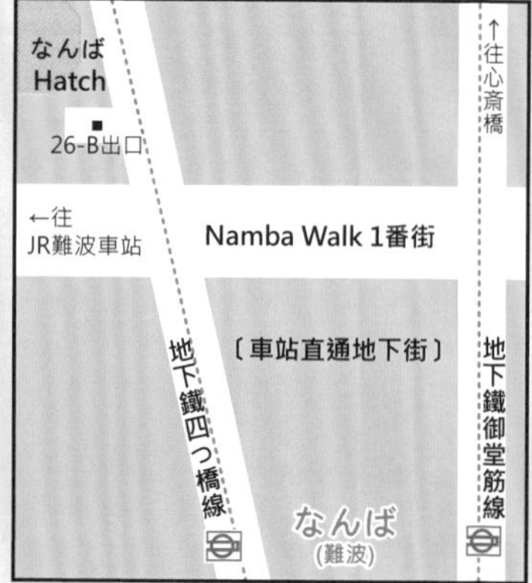

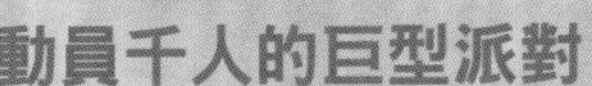

動員千人的巨型派對

說到「ZUMANITY」這名稱，是不是讓你想起太陽馬戲團的演出呢？「人體動物園」就在這西日本最大的MEN ONLY GAY FESTIVAL上演。DX' ZUMANITY & NUDE兩者皆為與東京Shangri-La匹敵的巨大派對，規模年年擴大，沒有女客，上千男子匯集在平常作為演唱會場地用的巨大舞池，邀請最頂尖的DJ演出，全國各地前來的知名Go-Go Boy們多達二十幾人，音響設備與燈光效果精采出色，盛大程度絲毫不輸給東京同型活動。

台上的Go-Go野郎們以浴衣、水手、戰士或「褌」等各種姿態登場，但一齊褪去服裝、露出結實肉體的那瞬間，剎時肉慾橫流，全場尖叫沸騰、血脈賁張；服飾豪華絢爛的DRAG QUEEN華麗動人的演出，跨越無用的性別界線，教人讚嘆不已。近年來更邀請圈內喜愛的藝人作為驚喜嘉賓，一整晚高潮不斷。

除了觀賞表演，並忙著搜尋獵物、向可愛的男生示好之外，各種贈品活動也不容錯過，像是前幾百人入場可獲贈內褲或情趣用品、到特定Lounge可獲贈發展場用道具小包等，早些進場，並到各區域樓層逛逛，會有意外收獲。同時，手機下載指定交友app可享入場優惠或獲得贈品等好康，年年都有新招，入場前請

DX'ZUMANITY和NUDE都在深夜1點結束，還想再high的話搭乘12點的末班地下鐵移動到堂山繼續參加同樣精采的AFTER PARTY，一整夜有遇不完的青春肉體。

注意：為確認年齡，需出示持有照片的證件才能入場。

31 RE*make & RE:spec//T

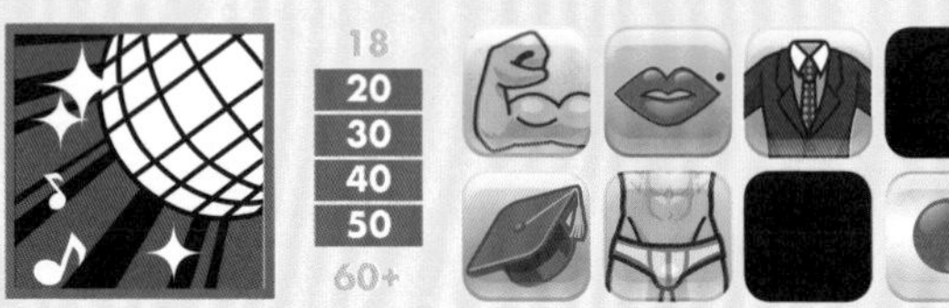

大阪市浪速区幸町 2-8-7 六甲桜川ビル B1F

無

搜尋「RE:spec//T」或「RE-member 大阪」

兩活動每年各舉行一到二次，詳情請查詢網站。

2500 円～ 3000 円（有提早進場價等優惠設定）

地下鐵千日前線櫻川站

自地下鐵千日前線「櫻川」站 1 號出口走上地面即為一家銀行正門口，面對銀行往左順著高架橋走 20 公尺，走進路口有牛丼店「すき家」的巷內即達。

扮妝皇后與野郎Go-Go的大同世界

扮妝皇后之夜「RE*make」與野郎Go-Go之夜「RE:spec//T」是南區圈內年度兩大盛事，就像是Gay Bar們的同樂會，由約10家的Gay Bar聯合相關商品贊助商共同在不大的非同志CLUB舉行，成為各家店的成員們聯誼交流的機會。因為這樣的定位與規模，玩起來不會有像巨型派對那樣人多地廣的壓力，輕鬆喝、開心看、隨性跳，認識朋友也較為容易，對不習慣千人巨型派對、又想看看日本圈內活動怎麼玩的人來說，是個不錯的選擇。

「RE*make」邀集關西各Gay Bar店主媽媽呈現扮裝皇后歌(?)舞表演，當中所使用的歌曲多為昭和年代的異色歌謠；一身華麗與濃妝的媽媽們用精準的肢體動作呈現挑逗的唸白或是苦情怨婦的歌詞，艷麗的服裝、詼諧的舞台效果、加上突如其來的觀眾互動引來陣陣爆笑，感受日本式的冷面幽默。觀眾們多為各店熟客，一個個坐在地板上觀賞熟識的店主媽媽們發揮舞技與耍寶才能，小小的場地中氣氛融洽歡樂。

「RE:spec//T」則是匯集東京、名古屋、福岡等地的DJ、VJ與Go-Go Boy的男色之夜，只限定男性入場，也有DRAG QUEEN穿插演出。SHOW CASE通常在晚上11點左右開始，若住宿地點不在難波，卻又想待久一點的話，可能要事先考慮好深夜的交通問題。另外，CLUB裡內沒有置物櫃，最好穿著輕便、不要帶太多東西在身上。活動時常有性感內褲或發展場折價券贈品活動，早點入場比較容易拿到好康。

提醒您的是這兩項活動的舉行場地「CLUB es」並不是Gay Club，平時去的話應該是遇不到圈內人的。若您對這活動有興趣、想一睹扮裝皇后真面目的話，可以到主辦者之一的Bar「RE-member」去探探；該店客人多為一般體型20代，位於與難波的Bar「熊人」（請參閱本書第149頁）同一棟樓「GT TOWN」的一樓。該大樓有近二十家Bar，是難波一帶的圈內重鎮，客層多為年輕族群，其中「UK」、「Give」、「ぽかぽか屋」客人體型較大；「喜望」、「ぷちぎゃるそん」叔叔哥哥較多；一樓的熊店主經營的家庭風味食堂十分美味。

32 日本三大奇祭之一的青春男體祭典——どやどや祭り

- 每年一月 14 日
- 大阪市四天王寺
- 市營地下鐵四橋線「四天王寺前夕陽ヶ丘」站，或御堂筋線／谷町線「天王寺」站
- 免費
- www.shitennoji.or.jp

在日本，一年到頭到處都有「裸祭」在全國各地舉行，但規模大小不一，年齡層幅度也寬；而在大阪四天王寺舉行的「日本三大奇祭」之一的「どやどや」裸祭規模龐大，為了在新年時祈求五穀豐收，上千名高中男生與學校男職員全身上下僅繫著紅白色的「褌」(兜襠布)，在一月的冰冷氣溫下繞寺一週，最後衝向寺內展開爭奪戰，一具具青春肉體展現魄力，十分壯觀。

雖說是高中生，但日本高校生人人基本上都參加運動社團，身體的線條勻襯好看，看得出肌肉的彈性，當中當然有不少特別健壯，比健身房練出來的身體更透露出自然的爆發力；儀式中男人的身上不斷地被潑水，濕透的短髮與皮膚呈現光澤，散發出性感的青春朝氣。吹著哨子的青壯年學校男職員和運動社團指導老師們，則對照出成熟男性的渾厚質感，儀式中眾人奔跑衝撞，眼前呈現一幅幅巨型男體圖繪，驚心動魄。

因為參觀與拍照的民眾非常多，想在好位置觀看與拍照的話可以先到現場佔位，並注意拍照的禮節。

其他可看度高的關西與中部地區的裸祭還有：

◇一月14日晚上在京都法界寺的「裸踊り」，規模較小。
◇舊曆一月13日在愛知縣的「尾張大國靈神社国府宮」以成年男子為主的裸祭，華麗盛大。
◇八月上旬在世界遺產——京都下鴨神社的「矢取神事」，裸男們在水中進行爭奪戰。
◇十月22日在京都由岐神社的「鞍馬の火祭」，夜裡壯男們手持熊熊火炬，極為壯觀。

33 大阪的同志音樂活動

就像關西人給人「隨和好親近」的印象，到這裡聆賞同志們洋溢的音樂才華，一點也不需要扮高雅、裝氣質，盡情享受悠揚中帶著歡樂的氣氛吧！

圖片提供／ G4 Brass

圖片提供／ G4 Brass

G4 Brass Ensemble 演奏會

大阪
時間：冬季「定期演奏會」多在二月，夏季「Summer Concert」多在七月舉行
www.g4brass.com

以大阪為活動據點、由超過60名多為20～40代的Gay成員組成的吹奏樂團，於每年冬、夏各舉行一次演奏會，免費入場，由於成員人數多，並與其他團體（KGC合唱團、岡山OWE吹奏樂團等）合作演出，圈內親朋好友大量聚集在會場，讓整個空間充滿一股華麗絢爛的氣息。演出內容分為三部份，除了嚴肅專業的演奏之外，還有G味濃厚的音樂劇演出，全場爆笑不斷，是關西圈內藝文界一年兩度的注目焦點。

圖片提供／G4 Brass

BOX

揚名國際的關西瑰寶——寶塚歌劇團

1913年所創立的寶塚歌唱隊為日本最著名的表演團體之一，2013年在台灣公演時造成轟動，一票難求。角色無論男女成員皆由女性演出，著名的演員天海祐希、真矢みき、大地真央、黑木瞳等都出身於該團。服裝華麗，歌舞精湛，最後主演明星穿著豪華羽飾走下巨型大階梯的一幕帶來最高潮。

來到關西可以在兩個地方觀賞到寶塚歌劇，一處就是位於兵庫縣寶塚市的大本營「寶塚大劇場」，龐大的規模與優雅的環境皆令人印象深刻，順道可參觀附近的「手塚治虫記念館」；另一處是位於大阪市梅田與中津之間的「梅田藝術劇場」。

圖片提供／メンズボイス関西

MVK －メンズボイス関西（Men's Voice 關西）合唱團發表會

大阪
每年舉行一次
mensvoicekansai.web.fc2.com

從2004年開始了第一次的單獨發表會之後，幾乎每年都舉行定期發表會。以「傳統的男聲合唱」為主旨，由音樂大學專攻聲樂的成員進行指導，著重集體的合聲表現，歌聲優美動人，獨當一面的精湛演出，展現平日的努力與練習成果。演出時觀眾除了陶醉於歌聲與樂聲，也很明顯地緊盯著台上自己有興趣的成員，當天菜級的成員登場時，身上聚集著眾人虎視眈眈的覬覦目光，強度之強烈令人發顫。

圖片提供／メンズボイス関西

34 大阪其他文化活動

圖片提供／キチスケ、りょう

関西レインボーパレード
Kansai Rainbow Parade

大阪
近年以十月、十一月初為多
www.kansaiparade.org

自2006年起年年舉行，以「將大阪的街道染上彩虹色」為概念，來自關東、九州、四國各地的數百人隊伍浩浩蕩蕩走過平時無法踏上的御堂筋車道，男男女女為自己發聲，讓社會與世間更能進一步認識性別多元，力求創造一個色彩豐富的社會。人數上雖然與台北同志遊行無法相比，但可以見到當地各個團體支持此項活動的熱情與用心，同時也是認識各種朋友的好機會。

関西クィア映画祭 Kansai Queer Film Festival（關西酷兒電影節）

大阪、京都
不定，近年以九月、十月為多
kansai-qff.org

來自世界各地的數十部同性戀、雙性戀及跨性別電影或紀錄片，在大阪與京都分別舉行為期三天的活動中陸續展映。過去台灣的《GO!GO! G-BOYS -當我們同在一起》、香港的《男生女相》、《安非他命》等華人電影也曾參展。一次看遍各國佳作，十分過癮，亦是認識熱愛電影的朋友的好機會。
有多種售票設計，可選擇單看一片、或是Pass可看遍大阪場或京都場影片，或是「關西Free Pass」自由看兩處所有影片。

NoSide 關西 G 文化旅行企画發表會

關西各地
不定，一年更新四次企劃內容
gayjapan.jimdo.com

一群喜愛旅行、喜愛學習外國語言、並喜愛將關西文化介紹給外國朋友的成員，針對外國人的喜好，研究適合Gay的遊玩路線（一般的或「深度」的）後，一年數次以「發表會tour」的形式，招募外國人參加，大家一同直接到各地進行探訪；行程短則兩個小時，長則遠赴外地過夜。當中也有喜愛台灣、會說英文、中文與韓文的成員，是一個以文化交流+增廣見聞為主旨的活動。

dista
自由參加的小型 Workshop

大阪
幾乎每週舉行，請參考網站首頁日程表。
www.dista.be

位在堂山入口的同志服務中心dista，定期舉行1~2小時的多樣小型Workshop，常見到外國朋友來參加；該中心進出自由，就算不參加活動，在一旁看雜誌聊天也沒關係。活動都在晚上舉行，結束後參加者常一同在堂山吃吃喝喝，只需少許參加費，滋潤心靈兼認識朋友。

展覽會	圈內插畫家、攝影家等的作品展覽	不定期舉行
堂山 Art [Now&Here]	美術 Workshop	每月第二個週四
4Q	芳香精油 Workshop	每月一次
ATELIER-P!	工藝品製作 Workshop	每月第三個週四
CAMP!	電影欣賞會	每月一次
4Q	芳香精油 Workshop	每月一次
虹茶房	咖啡品嚐會	每月一次
Sign	手語教室	每隔週的週五
メンヨガ	瑜伽體驗	每月一次
お花見 STEP	賞櫻大會	每年櫻花季

*時間表時有異動，請參照dista網站。
*更多dista同志中心的介紹，請見本書第97頁。

大阪·難波及其他

35－42

難波 vs. 梅田，一南一北，天差地別。
霓虹跑步男、道樂大螃蟹、繁華道頓堀，
城市之南以讓人體溫上升的濃厚人情，迎接你的到來！

chapter 5

難波地區
←往なんばHatch
↑往心齋橋
藥妝店
道頓堀川
glico
跑步男
看板
螃蟹
道樂
道頓堀HOTEL
麥當勞
大阪難波
〔阪神・近鐵〕
←往櫻川
往日本橋→
地下鐵千日前線
なんば
〔千日前〕
↑往四つ橋
35
王眼科
藥妝店
麥當勞
551 HORAI
なんば楽座
すき家
12號出口
商店街
36
37
なんば
〔四つ橋〕
なんば
〔御堂筋〕
O1O1
TOHO
CINEMAS
glamour
38
なんば楽座
FamilyMart
地下鐵御堂筋線
大原學園
地下鐵7號出口
三井住友銀行
難波支店
高島屋
百貨
地下鐵四つ橋線
難波
〔南海〕
往大國町↓
往大國町↓
NAMBA
PARKS

35 キューピーちゃんの隠れ家

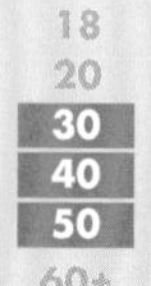

大阪市中央区難波 4-8-2 大幸センタービル 2F

06-6633-1665

kewpie69.web.fc2.com/aboutus.html

07:00pm ～ 03:00am，週四公休

1500 円～

地下鐵御堂筋線難波站

地下鐵御堂筋線難波站 12 出口上地面往回走，走進巷口為黃色招牌藥妝店的小巷後不斷直進，直到快接近高架橋前的小路口右轉（轉角有「王眼科」招牌）直進 50 公尺，左側二樓可見掛有粉紅色娃娃招牌的本店。

歡迎進入「褌」的世界

難波鬧中取靜的迷你小店，粉紅色招牌畫著人人皆知的「キューピーちゃん」娃娃，打開店門，長長的掛簾遮住視線，一眼看不穿店內模樣。遇到穿「褌」的週二，店主和店員都穿上「褌」，客人們進店後也自動寬衣解帶，穿上「褌」後毫無違和感地坐在吧台飲起酒來，頓時店內所有人身上除了「褌」之外全都袒裎相見，沒有負擔，輕鬆加快。狹小的店內四五人肩靠著肩，三不五時互相碰觸彼此，曖昧的互動令人心跳加速，莫名亢奮。

不會穿「褌」的話，事先購買來到店裡，店主會幫你穿上（從那一刻開始就讓人興奮起來）。客層大致從30代起跳到50代，有弟弟也有叔叔，是屬於成熟大人們的空間。當然穿「褌」是隨性的，穿著衣服當然也沒有問題。

個頭小小的店主叔叔神似キューピーちゃん，非常可愛。店

內擺置了大大小小的キューピーちゃん人偶，有的也穿上「褌」，窄小的空間構成一個奇幻氛圍的世界。餐點的菜單十分豐富，有的甚至可以當做一餐來吃。

CLUB徹夜熱舞與大音量聲響的狂放也許讓人血脈賁張、堂山的店家也許優菜排排坐，難波這一帶卻感覺得到更多的人與人之間的親近，說起話來也少了作態和矯飾。在這樣一家小小的店中，更有著「人情」的氣味，加上醉翁之意不在酒的肌膚之親，甚至和身邊陌生的客人輕輕地在吧台下方暗潮洶湧、你來我往，會是另一種不同的樂趣。

BOX

沒有「褌」，要不要特別去買？

答案是肯定的。有些店家雖然有備用品讓客人穿戴，但畢竟是貼身的東西，就算日本的整體衛生環境再怎麼好，病蟲要來還是預防不了的，染上陰蝨什麼的話，大掃遊興，非常麻煩。在大型同志商店內都售有價格實惠的「褌」，穿自己專用的，既安心，也能當做旅行的紀念品。（每條價格在約800円～2000円之間）

36 熊人(クマンチュ)

 大阪市中央区難波 4-3-16 GT TOWN 2F

 06-6648-9090

 www006.upp.so-net.ne.jp/kumanchu

 08:00pm ～ 02:00am，週一公休

 1500 円起

 地下鐵御堂筋線難波站

 地下鐵御堂筋線難波站 12 出口上地面往回走，走進巷口為黃色招牌藥妝店的小巷後不斷直進，直到快接近高架橋前的小路口牛丼店「すき家」左轉，本店位於「GT TOWN」大樓二樓。

1. 御堂筋線難波站 12 出口上地面後往回走

2. 遇第一個路口左轉

3. 進入小巷後直行，到牛丼店「すき家」左轉

4. 本店位於左側的「GT TOWN」大樓二樓。

享受南國熊人風情

本店「熊人」唸作「くまんちゅ（Kumanchu）」，顧名思義店主是大熊一隻。店主喜歡夏威夷、沖繩、北海道，所以店內一目了然地以resort風情作為內裝主題，偶爾還會在店內演奏三線琴，成為一個都會中可休憩的大人空間。

在2012年本店七週年慶時搬到了新的位置，開門就能感受到一股都會綠洲般的療癒氣息，這在多為傳統酒吧的難波一帶是少見的風格。吧台有13個座位，並有其他座椅，若在人多時一次可以遇到不少的人。提供的Menu有pizza、義大利麵、焗烤、沖繩麵和Taco Rice等多樣選擇，足以裹腹。

大電視中常播放南國與北（海道）國美麗風景的影像，讓人彷彿身歷其境；有時也會播放歌手的演唱會影片。音樂則以爵士、巴薩諾瓦、夏威夷音樂、琉球音樂為主，以及店主非常喜歡的南方之星與沖繩歌手BEGIN等，完全能用聽覺感受到店主的喜好，同樣喜歡南北

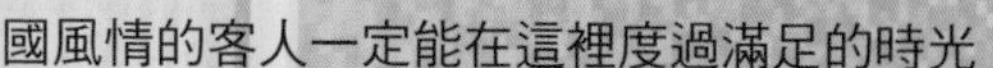

國風情的客人一定能在這裡度過滿足的時光。

這下您就知道本店logo上的「熊人」是怎麼回事了：它的字體質感和發音的原型正是沖繩以原創T恤著名的「海人（うみんちゅ，uminchu)」，可見店主對南國風情的熱愛。

來客年齡層十分廣泛，從20代到60代都有；體型雖無設限，但既然從店名到店員都為一片熊色，來客也就自然趨向了熊型。不限制女性客人來店，所以如果見到的話也別感到意外。店內設有WiFi，向店主詢問密碼即可使用。

37 あつし (Atsushi)

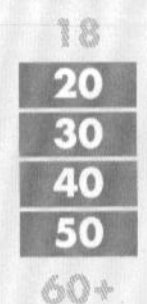

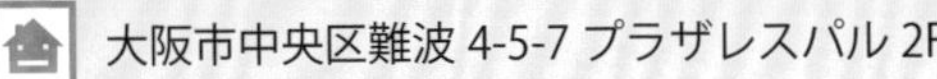

大阪市中央区難波 4-5-7 プラザレスパル 2F

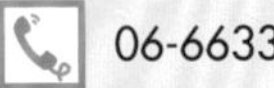

06-6633-3399

無

07:00pm ～ 03:00am

1500 円～

地下鐵難波站

地下鐵御堂筋線難波站 12 出口上地面往回走，走進巷口為黃色招牌藥妝店的小巷後不斷直進，直到快接近高架橋前的小路口牛丼店「すき家」左轉直進 50 公尺右方可見入口玄關處挑高掛有華麗吊燈、可直接走上二樓的建築物。本店位於二樓。

香蕉聯誼中心

原本位在難波這一帶的堂山熊店「かず」的店主向我們推薦了這家店。「あつし」在日本是一個再平常也不過的名字，乍聽之下也許不會特別感到什麼魅力。但在週末夜裡來到門口，拍攝店面照片的短短時間內，每隔幾分鐘就看到一個個的客人像是報到一般走上樓梯來開門進入店內，這下不得不相信它有其被推薦的理由。

如同招牌上醒目的香蕉logo上所寫的，本店全名「バナナコミュニケーションズ アツシ（Banana Communication Atsushi）」，顧名思義是「以蕉會友」。來到店內，排排坐的客人雖不能說是「滿熊」狀態，但體型普遍偏向碩大，短髮短鬍，運動野郎也摻雜其中，一般體型的店主在當中顯得瘦小。來客年齡層廣泛，從20代到50代都有。

向客人探聽為什麼來到本店，是因為本店提供的餐點不但味道好，而且選擇多樣，從西式的義大利麵到本地風味的飯菜都有

；問店員什麼最好吃，店員很自滿地說「每一樣都好吃」；但最讓客人們滿足的莫過於餐點的量，幾乎像是為了剛練習完的柔道選手而準備的晚餐般豐盛，無怪乎本店受熊哥大叔們歡迎。

順道一提的是，同一棟樓中的其他店家也很值得一訪：店主親切友善的「てつやん 」、九州出身店主的「髭ぶん」、年齡層40起跳的「葉隱」、熟男身著日式丁字褲飲酒的「め組」等都是大叔控們的快樂天堂，讓歷練豐富、看盡人間擾攘的大叔們告訴你更多

38 難波合宿所

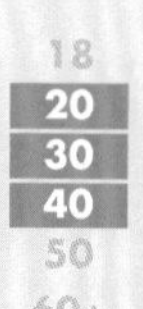

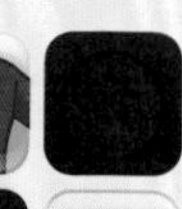

 大阪市浪速区難波中 1-4-5 立花ビル 2F

 06-6649-7877

 www.cruising.2-d.jp/nanba

03:00pm ～ 00:00am，週末假日 02:00pm ～ 00:00am

 1500 円，開店後的第一個小時入場 1000 円，09:00pm 後入場 1000 円。健身房會員、29 歲以下學生 1000 円（要證明）。

地下鐵難波站

(A) 地下鐵難波站 12 號出口入巷直進至高架橋，過街後左轉可見藍底白字與剪刀圖案「glamour」招牌、白色圓弧門把建築二樓。
(B) 同站 7 號出口「大原學園」方向直進約 70 公尺。

位置好找 小得精巧

這間發展場匯集了位置好找、標示清楚、價格合理、規模適中、素質整齊、內裝適當等一處理想的超小型發展場的要素，要不是太過老舊的廁所和要排隊的狹小淋浴間，不然可以打更高的分數。

「合宿所」原本是泛指學生社團（特別是運動社團）全體前往某一地集體練習時住宿的設施，於是從這名稱便隱約定位了客層為「體育會系」。外型、體型和年齡雖無嚴格限制，但太過極端的也自然不會來這裡。可能同時遇到大學生和上班族。集客時段也無明顯區分，場內人數多寡需要碰碰運氣，但週末仍然是來客較多的時段。

內裝令人印象深刻的模擬石牆好似G片中常見的場景，比普通的木質隔板來得更有質感；有明有暗的各種隔間使用了許多黑色罩簾，小小空間充滿探索的樂趣；隔間之間的走道只足夠讓一人通過，與人交會時必定擦胸擦臂，慾望指數瞬間擦爆，別錯過伸手碰觸的機會。

有燈光的隔間中設置著可清楚映出全身的大型鏡子，可一邊進行一邊觀賞自己淫亂的樣態。部分隔間中備有潤滑液，還可免費借用屌環，省去攜帶的麻煩。想出門休息進食，外出三小時內再回來可不必另外付費。

能忍受簡陋的衛浴設施的話，旅程忙碌的你可以輕鬆地找到地點，在這小型商辦樓的半層樓大的空間中，有效率地達成發展之樂。若住宿在難波一帶的飯店，本場將會是個不錯的選擇。場內禁止全裸，別忘了帶著性感的小褲褲去更換，不要穿著原本穿著的內褲上場。

39 ROYAL(ロイヤル)

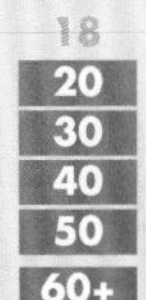

 大阪市浪速区恵美須東 1-2-4

 06-6643-0001

 www.sauna-royal.jp

 24 小時，全年無休

$ 不過夜（04:00am ～ 00:00am）2000 円，過夜（05:00pm ～ 12:00 pm）2500 円

 地下鐵堺筋線惠美須站

搭乘棕色的堺筋線在惠美須站下車，由 3 號出口上地面後高聳的通天閣即在眼前。往通天閣方向直進 30 秒後右側可見到「新世界市場」入口，進入左側沒有牌樓的街道，直進（途經稻荷大明神）走到底為高架橋，右轉即可見到在韓國民宿隔壁的本館。

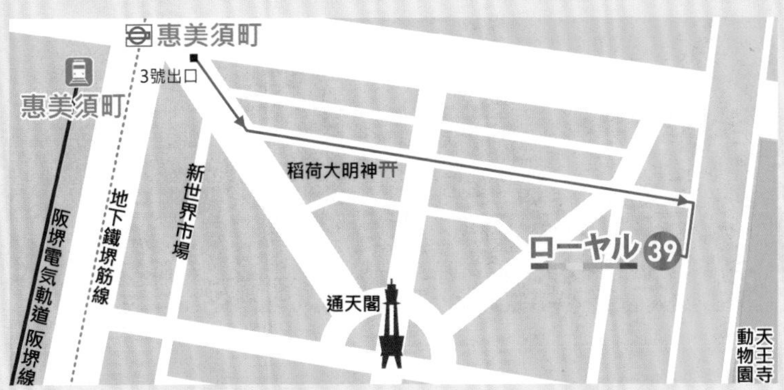

1. 惠美須站 3 號出口

2. 上地面後高聳的通天閣即在眼前

3. 往通天閣方向直進 30 秒後右側可見到「新世界市場」入口，從對面沒有牌樓的街道進入

4. 途經稻荷大明神

5. 走到底為高架橋

6. 右轉即可見到在韓國民宿隔壁的本館

北欧館姊妹店

ROYAL與堂山「北欧館」的關係，有點兒類似東京的24會館淺草店與新宿店的關係：兩者皆為同一經營系列，前者皆位於都市中的老市街，客層也稍微偏向中高年，後者則都恰恰相反。

入口的青銅色獅子，象徵著本館是大阪市南邊的發展場重鎮，入口分為兩個，左側為一般入口，右側為直通專用房入口，與人約好把這當休閒旅館用的話就從直通入口進入。非假日的平日晚上10點起開放住宿，比一般飯店便宜，又可以到發展樓層去玩，非常划算，但房間數有限，最好先打電話預約。

以宮殿為概念的內裝整潔寬敞，「Royal」度與舒適度甚至不輸北欧館。和姊妹店北欧館最大的不同是沒有39歲以下專用樓層的設定，可以遇到各個年齡層的哥弟叔們。和北欧館一樣，當中的食堂提供簡餐，補充體力後可以再戰幾場。

20代體育野郎、30代健壯哥、40代輕熟男、50代氣質叔都在此聚集，主要還是以叔伯熟男為主；不過自從北歐館設定了樓層年齡限制後，年輕的非野郎與傑尼斯系增多，使得野郎系族群流向了ROYAL，即使位在給人老舊印象的市街中，館內的風景卻比過去「壯麗」了，對喜歡野郎的朋友來說是個好消息。

BOX

◆入館後專用房價（另外付費）：

	2小時	**住宿** 10:00pm～隔天12:00pm
和室（附衛浴）	2000円	3000円
和・洋室（附衛浴）	2500円	4000円

◆專用房直行（當作賓館使用，由專用入口進入）：

	2人 04:00am～10:00pm間的2小時（平日可用3小時）
和室（附衛浴）	3500円
和・洋室（附衛浴）	4000円

◆兩人住宿（非週末與非假日時）：

10:00pm～隔天12:00pm，和室（附衛浴）5800円

40 K-1

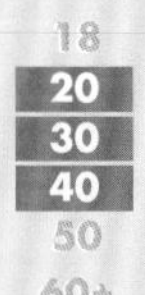

大阪市浪速区敷津西 1-10-15

06-6643-8986

www7.ocn.ne.jp/~k1hiro/

平日 03：00pm ～ 00：00am，週末假日 02：00pm ～ 00：00am

1300 円（有各種優惠）

地下鐵御堂筋線或四橋線大國町站

①地下鐵「御堂筋線」或「四橋線」的「大國町」下車由 2 號出口上地面左轉；②遇「大國主神社」（「浪速圖書館」路標）左轉不斷直進約 400 公尺（中途經過兩處小型十字路口皆直進），遇一處較大十字路口，當中一角有一建築物牆面為褐色，並設有雨棚，往該建築物旁有紅色「ADVANS」字樣商店的那條路繼續直進約 80 公尺；③再來到一處五線叉路的路口，可見一樓為褐色牆面寫有「タツイ工芸」的建築物，往面對該建築物左側的方向繼續前進約 80 公尺；④途中可見白底藍字「TOYO TIRES」招牌，再直進走到路口可見到大型公園（不必過街），右側褐色公寓隔壁狹長的三層樓建築即為本場。

1. 遇「大國主神社」(「浪速圖書館」路標）左轉不斷直進約 400 公尺

2. 遇一處十字路口，找到褐色建築物旁紅色「ADVANS」字樣商店

3. 前進後在五線叉路口，找到褐色牆面寫有「タツイ工芸」的建築物，往面對該建築物左側的方向繼續前進約 80 公尺

4. 途中可見白底藍字「TOYO TIRES」招牌，再直進走到路口可見到大型公園

5. 右側褐色公寓隔壁狹長的三層樓建築即為本場。

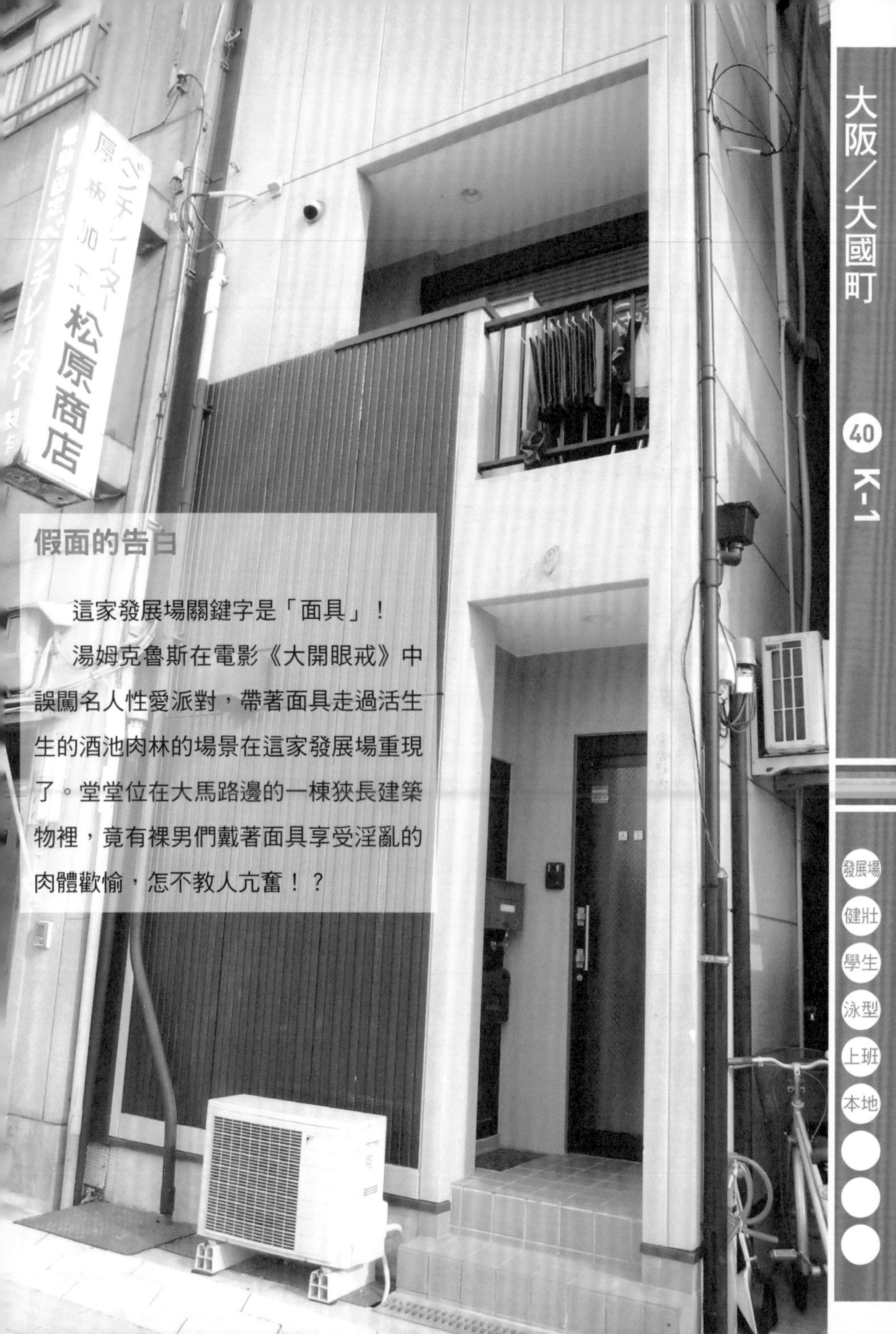

假面的告白

這家發展場關鍵字是「面具」！

湯姆克魯斯在電影《大開眼戒》中誤闖名人性愛派對，帶著面具走過活生生的酒池肉林的場景在這家發展場重現了。堂堂位在大馬路邊的一棟狹長建築物裡，竟有裸男們戴著面具享受淫亂的肉體歡愉，怎不教人亢奮！？

發展場
健壯
學生
泳型
上班
本地

來客的年齡和體型都嚴格地限定在39歲以下以及健壯身材，進門時別忘了向管理人適度露出好身材，免得遭拒。短髮的、有腹肌的、男人味的、野郎型的、健身型的、體育會系的，皆是本店的主要類型，畢竟臉上戴了面具，能夠吸引人的就剩下身材了！肚子就算稍微鬆垮也會不被看在眼裡，刺激卻又殘忍！週三的猛男型來客似乎比較多，但論人數還是以週末為多。

進門後馬上更衣並戴上面具，以置物櫃鑰匙環標示自己角色，一號戴右手，零號戴左手，皆可戴腳踝。零號身著後空內褲的話更清楚。想戴屌環的可向管理人借，或是當場買一個。整體空間地方不大，因此與人的接觸頻率極高。爬上頂層的小閣樓，有個小螢幕中播著G片，以紗布隔出空間，「閣樓+面具+薄紗」的組合創造出一個情慾氾濫的奇幻空間，在昏暗的閣樓上戴著面具翻雲覆雨，簡直是G片場景的實現。

BOX

以下條件可以優惠價格入場
（因優惠價格時有調整，以現場公告為準）：

◇筋肉マッスル：胸圍1m以上，由管理人測量。
◇平日特別早割：非假日的週一至五03:00～04:00pm入場。
◇遲割：09：00pm後入場。
◇ジム会員：健身房會員（大型知名連鎖健身房為佳）。
◇20代：20到29歲
◇BBSにご来店予定を書き込み：在本店網站上BBS事先po自己幾點來店與年齡、身高、體重。

㊶ 日劇ローズ（日劇ROSE）

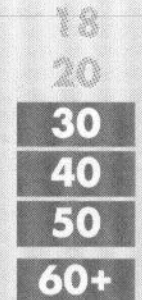

大阪市浪速区恵美須東 2-2-8

06-6641-8568

gaycinema.info/cinema/osaka.html

10:00am ～ 05:00am

1500 円

地下鐵堺筋線惠美須站

①由地下鐵「恵美須町」站 3 號出站即可見到高聳的通天閣；②向通天閣直進穿過鐵塔下方；③走入前方大型藥妝店「スギ薬局」與便利店「LAWSON」間的巷子；④直進 20 公尺左側即可見「日劇」、「東映」等招牌。

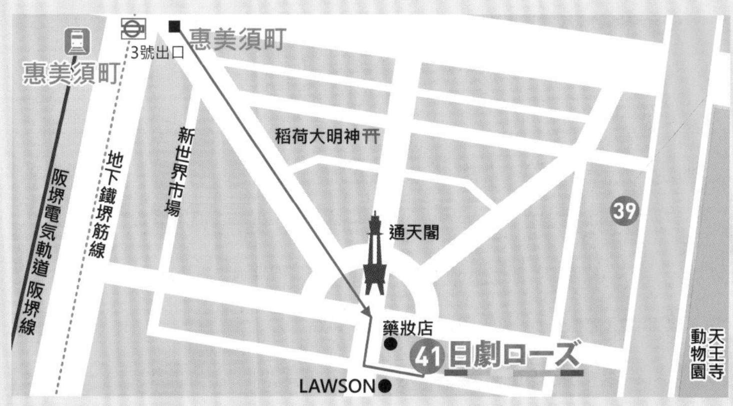

男男影院大復活

這間電影院開幕時在圈內引起了一片「祝！復活」的祝賀歡呼聲，因為原本位在梅田「日本最初的Gay電影院」的「梅田ROSE劇場」於2011年結束營業，讓大家感到相當惋惜；一年後，這間在通天閣旁的「日劇ROSE」開幕，讓Gay電影院在大阪重生，並為全日本連東京都沒有的、珍貴的四間Gay電影院中的「瑰寶」。

首先讓人感到衝擊的是它堂堂地位在觀光勝地「通天閣」邊的位置，但因為與放映一般老電影的「新世界東映」以及一般成人電影的「日劇シネマ」兩戲院為同一處入口大廳，所以不會引人側目，走進戲院一點也不會尷尬。

票口位在二樓，第一次進場先在一旁的售票機選擇「ローズ／¥1500」的粉紅按鈕，然後交給櫃檯的叔叔或阿姨。可能會問要不要加入往後可以1300円入場的會員（会員，kaiin），您可以選擇要或不要，要的話會得到一張會員卡。接下來就往左側的

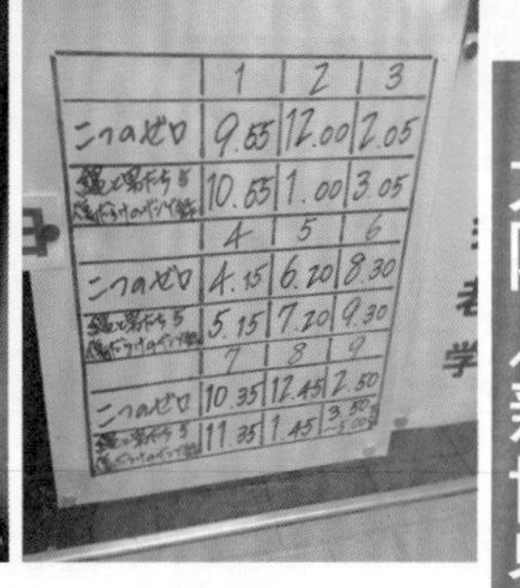

入口，打開放映廳大門進到廳裡去。

大廳裡有置物櫃，售有點心、飲料，和一般電影院沒有兩樣，但整個空間的光線與色彩充滿了「看小電影」的異色氣味，讓人莫名地慾望高漲。放映廳內約有30個座位，放映中可以自由移動進出。一旁有幾處雙人座位設有隔板能擋住他人視線，在那裡可以在一片黑暗中和他人「暗」通款曲。

《繩與男》、《兩個ZERO》、《界線的那一端》、《發展場愛情故事》……片名與海報洋溢著濃厚「昭和」氣息，是專業的成人電影，有演技，有張力，有層次，既能享受純粹的觀影樂趣，又能看到屬於那個時代才有的姿態與色彩，以及當時社會結構下的性別圖像，有著在吹來插去的G片中看不到的豐富養分。

每兩週更換新片，偶爾會有洋片。一整天不斷重複兩部片，進場就看，不必特意看時刻表。一片約一小時，入場後要看幾次就看幾次，休息時看看雜誌或電視，長時間待在館內也沒有問題。別忘了準備面紙（可以用來拭淚）。

42 金比羅溫泉（こんぴら温泉）

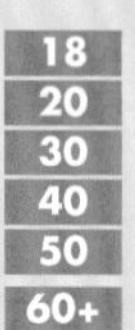

 大阪市浪速区桜川 4-17-13

 06-6561-3609

 無

 04：00pm ～ 11：00pm，每月第二、四週的週三公休

410 円

 地下鐵長堀鶴見綠地線／ JR「大正」站

 ①由地下鐵大正站 2 號出口或 JR 大正站出站後即可見到藥妝店；②自藥妝店旁巷內前進約 100 公尺可見沖繩土產店；③右轉到底遇大馬路左轉上橋；④另一端橋頭即可見到溫泉符號的招牌。（③直進沿河堤也可通往大浪橋）

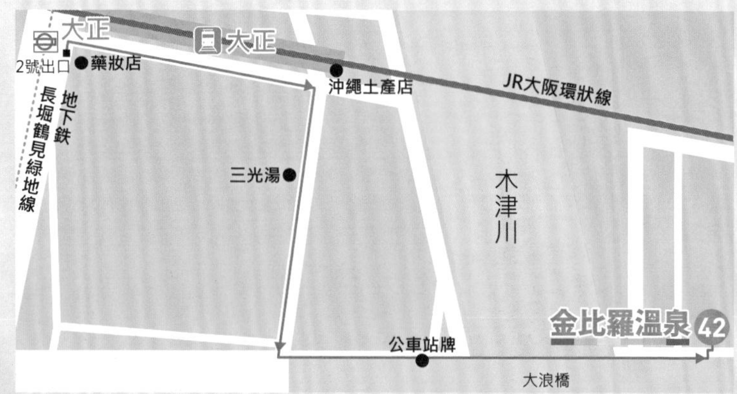

1. 出站後即可見到藥妝店

2. 沿鐵道前進約 100 公尺見沖繩土產店，右轉直進

3. 走到底遇大路口左轉上橋

4. 另一端橋頭即可見到溫泉符號的招牌

別有風情市郊小湯屋

本店位在一個有些偏僻的位置，當地人通常騎腳踏車來。可別想像成台灣的川湯皇池那般華麗，這裡只能算是一處澡堂，雖然乾淨明亮，但規模不大，而且能感覺到它的歷史。不過吸引圈內人來此的原因是因為它沒有嚴格的管理，加上室內死角多，較容易和他人暗通款曲。

澡堂通常是傍晚開始客人較多，但就算是平日的白天也有不少人來此入浴。一進門即為櫃檯，一位伯伯或阿姨會坐在那裡收

溫泉 熊 泳型 上班 熟齡 本地

費。他們已經對圈內來客的特殊目的十分習慣了，臉上一副「看破紅塵」的豁然表情非常有趣。內裝為典型的舊式大阪平民澡堂氣息，在一些地方做了很多餘的裝飾，感受得到一股「昭和」的氣味。

內部大致可分為「從更衣間就能看得一清二楚區」、「完全死角區」、「屋頂只開了一個洞的露天溫泉區」與「通往二樓休息室的三溫暖區」幾個區域，移動起來像是迷宮一般複雜。當中除了最初的無死角地帶之外，其他的地方都令人感受到一種暗潮洶湧。表面上是一般的澡堂，但來客們幾乎都是此道中人，每個人都顯然地在偷偷觀察彼此。

客層年齡層偏高，但偶有年輕人插花，帶來新鮮的空氣。由於周邊有很多工廠，來此洗澡的工人也不少。請務必記得這是一間普通的澡堂，並非圈內人專用的發展場，太過於引人目光的行為可能會為自己帶來麻煩。

專訪關西G片龍頭 KO COMPANY 關野本部長

圖片提供／KO COMPANY

KO COMPANY，這個你我熟悉的G片製片王國，1994年在京都創立，後來遷移到大阪，製作團隊和絕大多數演員皆由關西人擔任，關西血統純正。熟悉G片的您必知曉的TYSON Sportus、eros以及BEAST等都只是二十數個廠牌中的幾個，且至今仍在開發新的類型，嚴謹的企劃與製作、以及技佳質優的男優們，長年來緊緊抓住觀眾胃口。

除影片製作外，還經營實體店鋪「KO SHOP」、購片網站「KO TUBE」、購物網站「KO MALL」、片中男優本人實際服務的「Number06」等事業，並贊助全國各地派對，在日本G業界中地位舉足輕重，幾乎是日本G片的代名詞。

相當難得地，KO COMPANY的大當家──關野本部長接受了我們的訪問。去KO採訪是一個驚心動魄的經驗。還沒進門就先發現大樓前的馬路、大樓中的電梯，後來連訪問用的場地竟全都是G片中看過的場景，一瞬間猶如跳入G片仙境，心跳頓時火速加快，暗中期待下一刻是不是會出現兩名泳鏡男…啊…怎麼辦……想太多。

Q：請問您的工作內容？

A：製作的所有過程，包含作品企劃、演員甄選與交涉、拍攝等。

（感想：聽起來好像很單純……）

Q：日本的G片產業與歐美的有何不同？

A：歐美的片子中，演員絕對沒有把自己的臉遮蓋起來的，從這點可以看出日本比較起來仍是十分封閉的，落後歐美很多。在歐美，G片男優可以當作職業，拍片也是一項產業，但在日本還達不到這個程度。

（感想：哇，人家都已經做到這程度了還這麼說，而且還是以歐美為比較對象的……）

Q：KO的作品有什麼優於其他公司之處？

A：內容的種類眾多，目前我們已經創造出20多個品牌，類型從俊美、精壯到熊壯、企劃主題從素人、角色扮演到SM，可以說所有類型都含括了。KO作品如同一座百貨公司，任何觀眾都可以在KO找到適合自己的片種。這也是多年來累積的成果。

還有，KO作品的性愛完全貨真價實，沒有保留。有些片用攝影技術讓假戲看起來真做，這在KO的作品裡不會發生。

（感想：呵呵…常看KO片的人會拚命點頭吧……）

Q：拍片最辛苦的部份是什麼？

A：找到適合並敬業的演員。之前遇過有的人意志不堅，在拍攝當天反悔甚至沒依照約定出現。另外身材和長相也要夠好，必須是讓眾人喜歡的才行。

（感想：那真糟糕。拍片準備得花多少人力時間啊。要反悔就別答應吧……）

Q：您不喜歡什麼樣的G片？

A：像是讓非同志一耳戴著耳機，看著一般男女A片打手槍的，看起來就比較乏味。或是被插入的一方明明沒有勃起，還一邊嚷著「好爽」的，就沒有說服力。

（感想：被幹到勃起才是真髓呀……）

Q：KO作品中銷售最好的是什麼？

A：由「BEAST」、「eros」、「Deep」不同屬性的三品牌導演拍攝同一演員的《霸王２》銷售成績很出色，一次可以看到KO作品的三種不同拍攝方向，很具可看性。

還有「eros」的《黑人VS.日本男児》是業界鮮見的外國人主題，反應也很好。

KO 旗下擁有眾多你我熟悉的 G 片品牌。

（感想：外國人反過來要在日本片出頭也不容易呀……）

Q：和外國人比起來，日本人的性愛有什麼地方不一樣？

A：比較纖細，注重感覺，不會因角色相同就排斥彼此，因為性愛不是只有「插入」而已，用身體並感覺彼此、讓對方感到舒服是很重要的。

（感想：是說「撞號」這件事情吧。果然還是跟國民性有關。）

Q：台灣的「J」（阿賢）也常在KO片中演出。您認為他能在日本G片活躍多年的原因是什麼？

A：除了外表讓日本觀眾容易接受之外，他能抱持日本人的敬業態度和大家一同工作也是原因之一。

（感想：對我來說，他的「台灣之光」度可不輸給李安和王建民呢。）

Q：日本G片過去一直被國外盜版盜賣，網路時代則被不正當下載，您的意見是？

A：觀眾選擇用不正當的手段取得影片觀看，說真的那是我們無法去控制的。我們目前能做的就是努力充實我們的服務，讓以正當方式購買作品、懂得珍惜好作品的觀眾繼續讓他們覺得花錢購買是有其價值的。

（感想：講難聽點不就是「偷竊」咩。）

Q：考不考慮使用更多台灣演員？

A：台灣人越來越受日本觀眾歡迎，也已經有不少台灣人演出日本G片，我們正積極採用台灣的演員，並在Grindr和9monsters等app設了應徵專用帳號、並讓公司裡會中文的職員來主動進行發掘，希望能讓身材好、長相有魅力的台灣朋友在我們的作品中演出。

（感想：我的機會來了……呼……優秀的大家也一起進軍東洋吧！）

京都・神戶

43－50

和之京都，洋之神戶。
精工雕琢的一景一物，訴說深厚的文化底蘊。
或身著和服在鴨川河岸漫步，或優雅品嚐洋菓子美味，
一點一滴體會出京阪神三地男孩們不同的可愛之處。

chapter 6

* 神戶地區請參照各店小圖

43 アップル (Apple)

京都市下京区西木屋町四条通上ル真町 第一小橋会館 3F

075-256-0258

apple1985.web.fc2.com

07:00pm ～ 04:00am

1500 円起

阪急河原町／京阪祇園四条

(A) 阪急電車京都線：至終點站「河原町」自出口 1 的左側通道上地面，一走出出口即往反方向（車站出口後方露天吸菸庭方向）走，沿小河「高川」直進 30 公尺至圓盤型小橋，一旁設有數台自動販賣機的白色建築物「第一小橋館」，由狹小的樓梯上三樓（二樓為咖哩飯餐廳）。
(B) 京阪電車：至「祇園四条」下車後由「四条通」方向出口至地面，過橋通過「東華菜館」直進至麥當勞，過馬路後循上述（A）路徑前往。

濃濃懷舊昭和味小酒館

河原町站周邊是京都市內最繁華的地段，百貨公司林立，也因為鄰近夏天的納涼勝地「鴨川」，夏季時在川邊架設成一條長龍的露天餐飲台盛況是京都的代表性風景之一。四周來自日本全國與世界各地的觀光客，車水馬龍，展現京都少見的都市景象。

這家從昭和後期開業的京都老店頗富盛名，在以歐美讀者為對象的亞洲同志店家導覽中也被介紹，加上位在觀光勝地，因此外國人來客毫不稀奇。本店應該是所有店家中離河原町車站最近的一家店，出站後只需步行1分鐘，十分方便。

進入店內猶如時光倒流，內裝陳設維持著20年前的濃密昭和味，喜歡昭和年代氛圍的朋友必定能得到驚喜。店雖歷史悠久，但來客年齡層幅度不會過大，集中在20代到40代之間；體型雖各型各色，整體素質卻皆在中上，甚至偏優。

充滿男性魅力的熟男店主仍散發出年少時的帥氣，因為外國人來客多的關係，能用簡單的英文溝通。有機會可以嚐到店主自己烹製的點心或下酒菜。店主還透露多年前他和台灣男友跨海苦戀、書信來往的故事，猶如男男版《海角七號》。

既然是京都，店內在夏季當然會舉行浴衣大會，穿著浴衣在鴨川河岸散步後，來到本店和浴衣男子們共聚，體驗200%的和風；春季來到一旁的「高瀨川」賞櫻，更是連日本人都嚮往的季節盛會，豈能錯過。

BOX

逛京都酒吧，達人小提醒

◇京都酒吧通常在晚間10點之後才有較多的來客。

◇一般來說，京都的酒吧平日人多但週末反而人少（也有特例），和大阪相反。主要是因為週末時當地人也到大阪去玩了。

◇京都市內有活動與祭典的時候，會聚集全國各地的客人。活動祭典的前一晚在同志酒吧中理所當然地會遇到比較多的人。

44 AZURE

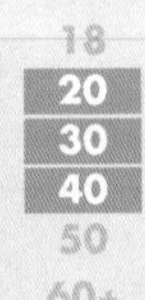

京都市中京区四条木屋町上る 鍋屋町 219-2 伊藤ビル 3F

075-212-3521

www.azure-kyoto.info

08:00pm ～，不定期公休，每月約 1-2 次。

1500 円起

阪急河原町／京阪祇園四条

(A) 阪急電車京都線：至終點站「河原町」自出口 1 的左側通道上地面，一走出出口即往反方向（車站出口後方露天吸菸庭方向）走，沿小河「高川」直進約 50 公尺遇右側一樓為花店的大樓，搭電梯上三樓即達。
(B) 京阪電車：至「祇園四条」下車後由「四条通」方向出口至地面，過橋通過「東華菜館」直進至麥當勞，過馬路後循上述（A）路徑前往。

租借浴衣和服 化身京都男子

夜裡，本店的一樓入口處總站著攬客的酒店男女，十足地燈紅酒綠；瀟灑地擺脫他們的邀攬，瀟灑地搭電梯上樓，來到氣氛瀟灑的店內，喜歡嘗試各種COSPLAY的店主瀟灑地迎接著你。

看本店的網站可見店主資料照中野郎與西裝的英氣姿態，而第三張微張著紅唇的金髮姊姊是？？就是店主本人！原來店主是專業的變裝皇后，在全國各地的活動中經常參加演出；堅實的身材換上妖豔裝扮後，散發出一股神祕冷傲的美感，擅長舞蹈的他在台上全身呈現絕佳華麗動感，無法聯想回他西裝野郎的模樣，性別在他的演繹下變得毫不重要。

來客以20代到40代為多，體型雖無明顯限制，但太過極端的幾乎不會來店，類型多半位在如店主所親身示範的「西裝-野

郎」範圍之中。播放的音樂以快節奏的西洋曲為主，與冷冽質感的內裝十分契合。

店主對裝扮成各種角色興趣深厚，為此他參考了外國來客「想化身成京都男子」的意見，提供男子浴衣與和服的租借服務，在店內更衣之後可以在店內拍照、更可以走到店外的高瀨川甚至鴨川去漫步，享受最純正的「京都和風」。開放租借的規定可以在本店網站上看到詳細內容。

45 だいこく（daikoku）

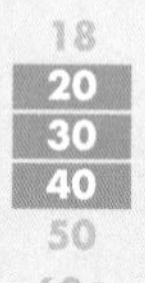

 京都市中京区先斗町四条上る 13 番路地南側下樵木町

 075-211-3077

 daikoku.ciao.jp

 07:00pm ～ 02:00am

 1500 円起

 阪急河原町／京阪祇園四条

(A) 阪急電車京都線：至終點站「河原町」自出口 1 的左側通道上地面，一走出出口即往反方向（車站出口後方露天吸菸庭方向）走，沿小河「高川」直進約 150 公尺，見到左側ㄇ字型的學校建築時，走進右側入口處白底黑字寫著「13 番路地」的狹小巷弄即達。店門在右手邊。
(B) 京阪電車：至「祇園四条」下車後由「四条通」方向出口至地面，過橋通過「東華菜館」直進至麥當勞，過馬路後循上述（A）路徑前往。

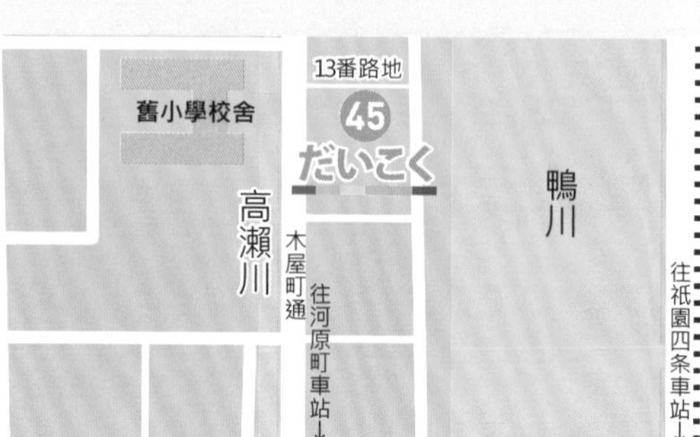

狹小巷中春意滿滿

來店的一路上，沿著清澈的小河，經過俊男美女攬客的酒店，一輛輛黑色計程車緩緩駛過，時而出現和服裝扮的酒店媽媽，好似置身推理小說的場景，活生生地呈現京都的另一面風情。本店在一條細小到連與人錯身都得側肩的小巷弄「13番路地」中，從上方垂下的竹燈籠在夜裡發出昏黃燈光，極有情趣。

戴著厚框眼鏡、身形渾圓的可愛店主「滿春」，多年前只是本店的客人，因為喜愛這家店，從原本要歇業的店主手中繼承並經營了下來。亞洲情調的內裝讓人感到安穩放鬆，弧形吧台讓人能一眼看到店內所有客人；雖無限制來客類型，但年齡與體型大多與店主本人接近，集中在20代～40代之間。店主與刻板印象中的Gay Bar媽媽完全不同，聊起天來沒有營業味，讓人感覺輕鬆愉快。隨著不同季節店主會自製一些料理，最後附上一杯昆布茶，濃郁中帶著鹹甜味，暖心也暖身，非常貼心。

白天若前來這一帶，小河對岸一座學校般的建築原本是一處小學，現在作為年輕藝術創作者的展演空間，無論是踩下去會發出吱吱聲響的走廊，或是從木質窗櫺看出去的校園風景都極有味道。

晚上離開店之後，建議您可以從來店時的另外一端往鴨川方向走去，即會走到「先斗町」細小的石板巷弄中，傳統料理店櫛比鱗次，沒有張狂的霓虹燈，只有懸掛在店門口的紙燈籠，繚繞著京都幽靜的氛圍，令人駐足良久。

46 雅々 masa-masa

京都市下京区西木屋町船頭町 225 番地 1F

075-344-6737

www.kyoto-masamasa.com

08:00pm ～ 02:00am，不定休

1500 円起

阪急河原町／京阪祇園四条

(A) 阪急電車京都線：沿「河原町」出口 1 旁麥當勞沿途有紅色燈臺的「高川」直進約 3 分鐘見小橋頭旁「Café Yoshiko」過橋直進即達。
(B) 京阪電車：「祇園四条」出站過橋直進至麥當勞，循 (A) 路徑前往。

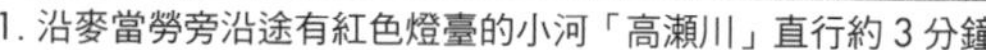

1. 沿麥當勞旁沿途有紅色燈臺的小河「高瀨川」直行約 3 分鐘

2. 看見右側河邊小橋頭綠色雨棚咖啡店「Café Yoshiko」

小橋、流水、大人情調吧

來到這一帶的同志遊點可能是您這趟關西旅程中的一段高潮。不似在新宿二丁目或是堂山那般張牙舞爪，沉穩與內斂畢竟是這裡的習慣，讓小運河帶路，一路感受京都的謐靜與典雅。

進入店內有如來到某處貴賓室，深厚的木質色調滿溢著屬於大人的情調。螢幕上播放的是黑白時期的好萊塢電影，音樂時而緩慢時而輕快，不吵雜不喧鬧。打著黑色領結的店主和店員兩人談笑風生，去過台灣的他們對台灣極有好感，並對寺廟的隆重與華麗印象深刻。

來客以30代以上為多，但20代的客人也會來店，外國人也不少；店內的一根木柱上貼著各國的紙鈔票，位於正中央的紅色「中華民國壹佰圓」十分醒目。壁上裝飾著繪製12種代表花卉的平安神宮「花御札」，在滿溢西洋氣息的店內呈現「和」的風格。

3. 從該店旁小巷進去
即可在左側看到本店

從車站沿著小河、經過高級旅館、度過小橋、鑽進石板小巷來到本店的短暫時光，是一段令人深刻感受「京」的體驗，旅程中的紛擾不安在不知不覺中也被平撫了；隱隱中對「文化」的力量似乎又多了一份感悟。

47 MIDNIGHT CAFÉ gri-gri

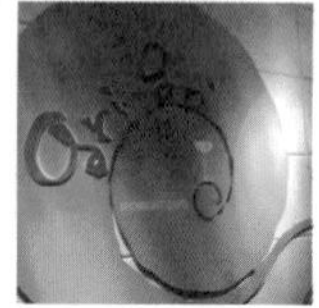
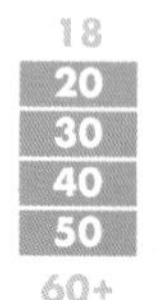

 神戸市中央区山本通 3-3-1 燕京ビル B1 西側

 078-252-3039

 www.grigri-kobe.com

 06:30pm ～ 05:00am，週一公休

 500 円～

 三宮站

 ①出「地下鐵三宮站東 8 出口」後左轉上坡；②直進約 150 公尺過街左轉不斷直進；③經過中國餐廳後可見 NHK 高塔；④不畏隔壁的韓國領事館警察，穿進 NHK 一旁小路直進到底左轉即達。

1. 出電車站後左轉上坡

2. 直進約 150 公尺後遇到大型十字路口，過街左轉直進，途中經過 NISHIMURA'S COFFEE、永松皮膚科等

3. 再經過便利店 LAWSON 與中國料理萬壽殿不久後，可見 NHK 電視台的發射高塔

4. 穿進 NHK 與隔壁韓國領事館間的小路直進 100 公尺，即可看見本店店招。

深夜café · 地下乾坤

神戶的店多以mix方式經營，圈內圈外的客人都能入店消費。本店以「深夜café」型態經營，隱約地位在非繁華街的一處地

下一樓，從招牌、燈光、家具、傳單到食物，皆有著一般Gay Bar鮮見的獨特世界觀，既可愛又具個性。

晚上開始營業，所以可以來這裡享用晚餐：Menu中有多樣的洋風餐點，價格合理，設有500円、附上小點心的最低消費額，再另點個飲料也比一般Gay Bar低廉許多。可以坐在吧台，也可以和好友群坐沙發，正如店家所宣言的「遠離喧囂的一處客廳：Do it your living style!」，相應著「北野」這一帶的輕快自在的氣息。

本店最令人印象深刻的是十分用心的特別活動內容，不但配合季節，並且主題豐富多元，當中令編輯群眼睛一亮的是「ASIAN POPS NIGHT」，播放一整晚的亞洲流行音樂。理所當然的有日本的J-POP之外，當然也有近年威力強大的韓語K-POP，本以為僅只如此，但令人欣喜的是主打內容也含括日本其實算小眾的華語C-POP以及泰語T-POP，在日本國內一片K勢力的此時讓人一新耳目。

有時也作為一處藝文空間展出繪畫或攝影作品，或是邀請演奏者前來演出；當然活動內容再多元，也不會忘了「G本」類型的Go-Go Boy與DRAG QUEEN表演，mirror ball的投射下整個空間又一瞬成了熟悉的CLUB，變化萬千，與不少Gay Bar「關起門來玩」的閉塞感截然不同。

48 Zip(ジップ)

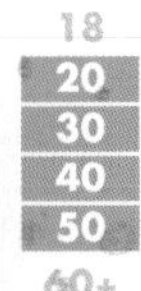

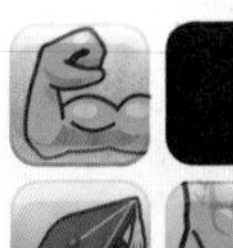

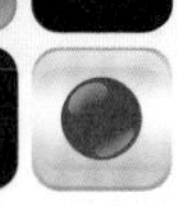

神戶市中央区下山手通 2-10-2 大昭興業ビル 7F

078-333-0923

ip.tosp.co.jp/i.asp?i=ZIPKOBE

08:00pm ～

1500 円起（視活動）

三宮站

自「山手側」（靠山側）出站外後找到 TOKYU HANDS（或從地下鐵西 3 出口即達），本店就在 TOKYU HANDS 隔壁的細小建築（一樓電梯前有泡泡狀吊燈），搭電梯上七樓即達。

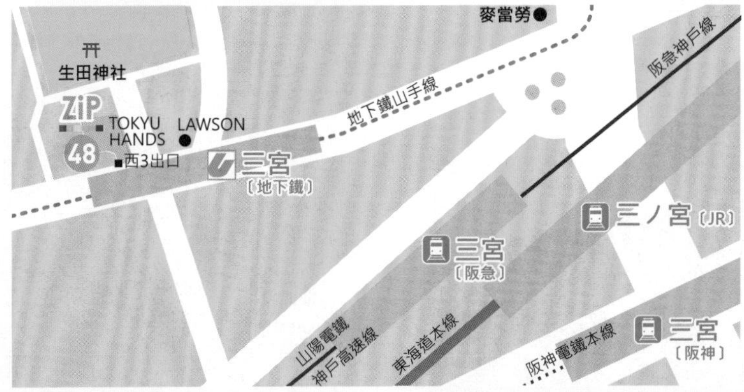

1. 自三宮站「山手側」出站

2. 找到 TOKYU HANDS（或從地下鐵西 3 出口即達）

3. 本店就在 TOKYU HANDS 隔壁的細小建築（一樓電梯前有泡泡狀吊燈），搭電梯上七樓直達

BAR

健壯

學生

泳型

上班
本地

神戶歷史最久的Gay Bar

在「三宮」這一帶遊玩好處是觀光地十分集中，無論是到靠山的外國人舊居住地，或是到靠海的中華街與神戶港，都在短短幾站地鐵範圍之內，甚至也能一班車直奔有馬溫泉，非常適合規劃一整天的行程。

既然是繁華地區，自然不會缺少Gay Bar；但壞消息是從神戶到大阪搭電車只要30分鐘實在太方便，就算錯過了末班電車也有發展場可過夜，因此不少當地人自然選擇到大阪去遊樂。這讓神戶的同志活動產生了獨特的文化，最明顯的是反應在Gay Bar「歡迎女客」的動作上，甚至在街上堂堂擺出「本店為Gay Bar，男女皆可」的看板招攬一般人客。

這家「Zip」的內裝採用了亞洲概念作為基調，神祕中帶有華麗高雅，木質家具、間接照明、時尚擺飾都令人驚艷。多達十數台的液晶螢幕播放著時下的流行音樂影片，在寬敞明亮的空間中帶給人一股沉著卻興奮的反差，一個人來或三五人共聚都非常適合。

在90年代中期開業的本店是神戶市內一帶資歷最久的Gay Bar，但店內聞不到一絲「老」的氣息。熟客很多，可見其魅力。本店標榜「體育會系男大姊BAR」，不過來客體型各型各色，年齡層大概以20代後段起跳。初次到神戶不妨一遊，從經驗老到的店主口中多獲得一些當地情報。

49 GENTLEMAN

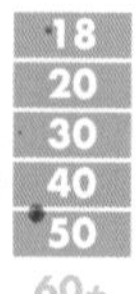

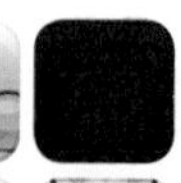

 神戶市兵庫区湊町 3 丁目 1-16

 078-577-2724

 gentleman.h.fc2.com

 02:00pm ～ 10:00am

 不過夜 1800 円（02:00pm ～ 00:00am），過夜 2300 円（00:00am ～ 10:00am）

 阪神或阪急電車「新開地」站

 搭乘阪神或阪急電車至「新開地」站，自 3 號（唯一一處通往地面電梯）出口至地面，過馬路進入對街巨大的商店街後的第一個路口右側可見到紅色招牌的拉麵店「豚の助」右轉，直進 50 公尺見到左側紅色招牌「中國料理 珉珉」左轉進入小巷，直進 30 公尺即可看到右側本館黑底白字的「GENTLE MAN」招牌。

神戶唯一的室內收費發展場

這裡可以說是神戶地區的目前僅有的一處「勝（剩）地」了。在數年前兩家有名的發展場撤退之後，成為了神戶地區唯一的室內付費發展場，對喜愛發展的當地人們來說是很珍貴的。

從店名與招牌的設計開始，就給人一種大人的沈穩感，內部也不多做花俏的裝飾，沒有吵雜的音樂，就像來到長輩的家中一般，一樓為櫃檯、休息區、置物櫃與浴室，明亮而平實穩靜；上了二樓與三樓的發展空間卻氣氛一轉為慾望橫流的暗室，由於沒有多做隔間，行動上不便躲藏，很容易親近到有興趣的對象，並很自然地能發展為3P或多P，對想邊做邊被看的人來說，也十分有利。

既為唯一的發展場，自然就吸納了各種客層，從20代到長輩級都有，以30代到40代為主，加上建物本為民宅構造，有種祖孫三代共聚一堂的天倫感。網站的留言板常有「今晚想要被年輕人調教」、或是「想同時被叔叔們舔弄」的留言，要被叔叔或長輩們侵犯、或相反地想調教中年哥叔的人，應該不會失望。

1. 出電車站後過馬路，進入對街巨大的商店街

2. 第一個路口右側紅色招牌拉麵店「豚の助」右轉

3. 直進 50 公尺後看見左側紅色招牌「中國料理 珉珉」，左轉進入小巷

4

4. 直進即可見本店招牌。

這一帶稱為「新開地」，是長久以來神戶地區的娛樂中心，飲食店非常多，發展前後可以順道一遊。新開地車站同時是通往著名溫泉地「有馬溫泉」的電車路線起點，規劃旅行路線時可以一併考慮。另外，由於本館旁邊就是來客眾多的競艇券販賣場，建築物四周與路口總是站著多數身著制服的中年交通指揮員，並非什麼警衛，不必感到壓力。

50 關西著名Gay Beach
神戶市塩屋海岸

塩屋海岸位在兵庫縣神戶市，由於搭電車就能到海岸邊，十分方便，因此在關西頗具有人氣。因為是四周空無一物、只有電車呼嘯而過的海岸，高聳的堤岸邊成為最佳的障眼之處，成為了獨特的發展勝地，會來此地的人多半帶著特殊目的，見到穿著泳褲、六尺褌和黑貓褌的便不必再多疑。

四月中旬十幾度的氣溫對日本人來說已經算是暖和，憋了一個冬季的人們便會開始出動，一直到初秋為止。週末時多為三兩好友一同前來，平日則多為獨自前來的個人，比較容易接觸並交談。來訪者類型形形色色，有年輕的大學生，也有不服老的叔叔伯伯。由於隱密度高，白天即可進行發展；傍晚大家紛紛打道回府，天黑後陰暗死角多，請勿前往。

想「長時間作戰」的話，請帶齊所有日光浴道具，包括鋪在地上的墊子、飲用水、清潔用品等。就算遇不到人，鐵道旁的沿岸景色也相當怡人，天氣好時還可瞭望遠處壯觀的「明石海峽大橋」。

如何前往塩屋海岸？

首先搭乘阪急或阪神電車，在「新開地」站轉搭（不需出站）「山陽電車」到「須磨浦公園」站下車※，出站後往海岸方向走去。

※ 從梅田搭乘往姬路方向的阪神電車，部分快速列車可直達前一站「須磨」，下車後在同一月台搭乘「普通」列車。因此搭乘阪神電車最為方便。從大阪出發的話約需一個小時。部分班次可由梅田一班車直達，請諮詢車站人員。

《路線1》

①穿越車站前馬路，往右（西）沿鐵路不斷直走約500公尺可見一階梯，穿越鐵道下方小隧道即達。

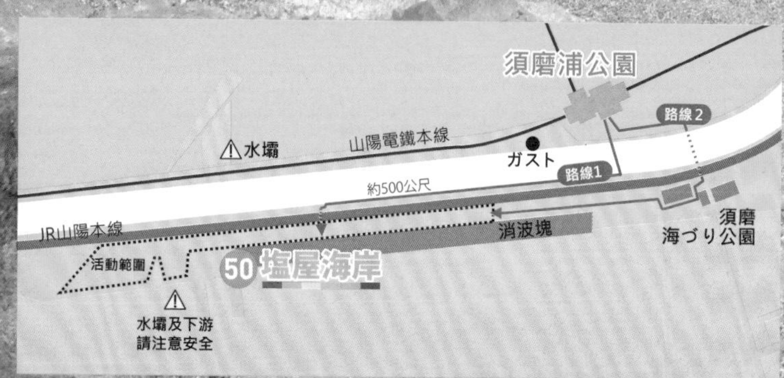

《路線2》

①馬路明顯可見「神戶市立須磨海づり公園」指標。

②由地下通道穿越馬路。

③穿過售票亭與鐘樓造型建築物間的鐵柵（有時可能封閉）。

④沿消波塊不斷直進。

BOX

溫馨提示

◇請注意潮汐變化與海嘯警報。
◇請注意自身的安全，不要靠近水壩下游或進入任何標有「立ち入り禁止」（禁止進入）」的區域。
◇請避免任何會被視為犯罪的行為。

特別企劃 SPECIAL FEATURE
名古屋小旅行

51－55

地理位置上，名古屋並不算在關西範圍內；然而它不但是深受國人喜愛的觀光景點，自古更是剽悍武將輩出的名城。名古屋的同志聚落位在「女子大」，在工業重鎮的夜裡，池田公園邊葡萄牙語與菲律賓語聲不絕於耳；又是一幅不同的日本繁華夜風光。

51 豆句（Zuku）

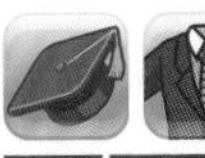

20 30 40

名古屋市中区栄 4-20-9 第 10 六本木ヴィレッジ 4 F
052-263-8788
08:00pm ～ 05:30pm，週二公休
約 1600 円起
robbymcgee.lolipop.jp/zuku
地下鐵榮站
自池田公園有公廁的一角往高架橋方向直進，遇大型平面停車場路口右轉，第一棟深褐色入口挑空、柱間「X」型鋼架的大樓四樓。

Badi封面人物店主 重現長野和風空間

當《Badi》雜誌還沒有像現在這樣塑造明星與大肆修片的單純年代，本店的店主Hiroshi就曾經登上封面，展現素顏魅力（來到店裡別忘了請他拿當年的Badi封面出來看看）。Hiroshi店主來自長野縣，店名取

自長野縣方言「ずく」，意味著「有幹勁」，正如同Hiroshi店主帶給人的第一印象，個頭小小但好像裝了彈簧，說起話來有種蹦跳的質感，親切又有喜感。店主曾去過台灣，覺得台灣是一個非常親切的地方，印象最深的食物是小籠包與夜市的蚵仔煎。不擅外語的他，帶著歉意地說如果外國人來到店裡，就只能靠著肢體動作和幾句英文來接待。

內裝完全以「和風」為主題，與時下的潮流風格大異其趣，彷彿讓人移動到了店主的家鄉長野縣，感受不同於大都會的純樸氣息。吧台後方是寬敞明亮的白色沙發，不會讓人感到擁塞狹窄；播放的音樂以當今的流行歌曲為主，並設有卡拉OK（聽客人唱卡拉OK時，店主嬌小的身體搖擺起來非常可愛）。

本店還有一大特徵是常舉辦的依循節慶的活動，特別是最符合店內和風概念的「和服party」，店主和店員們全以浴衣姿態登場，穿浴衣的客人也可享優惠；還有像是「女兒節」時店主和店員三人一整天穿著日本傳統服扮成「三人官女」，非常搞笑。來到名古屋時不妨看看本店的活動時間表，配合活動時間來店，更增趣味。

另外非常值得推薦的是長野縣出身的店主提供的長野當地小菜和名產，像是「野沢菜」和著名的長野葡萄酒「五一wine」。小菜有的會當作配酒菜附在基本消費裡，店主首先會拿Menu讓你選擇；難得來到這家風格獨具的店，不嚐嚐看這些當地美食就太可惜了。

問店主「最近店裡有什麼有趣的事嗎」，他想了想回答：「牆上壁紙破了一個洞…現在用海報蓋起來……」Hiroshi店主就是這樣的一個人。

52 SHIMBA

20 30 40

名古屋市中区栄 4-11-16 ウォークライオンビル 6F
052-265-2989
08:00pm ～ 03:00am，週一公休
約 1600 円起
www.geocities.co.jp/Milkyway-Aquarius/8879
地下鐵榮站
先參考地圖找到池田公園，從靠近拉麵店「長浜ラーメンまき」（黃色招牌）對面、設置五六台販賣機的停車場街角走至第二棟大樓即可見一樓的中華料理店「麗晶」，搭乘電梯上六樓即達。

體驗Kimuchi媽媽的南國熱情

本店在2002年開始營業，已經是當地已經有點歷史的店。「SHIMBA」店名靈感取自著名音樂劇「LION KING」，喜歡音樂劇的店主年輕時因為外表有韓國人的味道被取名「Kimuchi」；活躍於當地各種圈內活動，也參與廣播節目的演出，為促進同志權利喉舌。網站上雖放著他的照片，不過顯然是開店當時的舊模樣了吧，如今已經是肉肉熟男的他，更有一種獨特的魅力。

店主出身自九州的宮崎縣，身上散發九州男兒特有的溫暖，談起話來沒有尷尬的距離感，並細心地招待每一位客人，對初訪名古屋的外地客人來說很容易感到自在；當然也可以詢問各種名古屋的G遊資訊，鐵定能得到最一手的消息。

來客年齡層以20代後段以上為主，不會

有太年輕的或剛出道的小朋友，也不會有50歲以上的伯叔。類型也頗集中，多為中等以上身材，長髮的傑尼斯小弟或相撲選手般的大力士不太會出現。店內有卡拉OK可點唱歌曲，沒人唱歌時則播放日本流行藝人的MV或演唱會。

喜歡台灣的店主一度試著學習中文，雖沒有持續下去，但對台灣的喜愛沒有減退。台灣的客人應該可以和他有一段很愉快的對話。熱愛運動與演藝圈的店主經常在店裡舉行大小活動，像是和客人們到運動場的排球、網球、游泳大賽，以及遇到七夕、聖誕節等大型節日時的特殊扮裝，與其說是酒吧，更像是一個社團，氣氛愉快融洽。

到了週末經常出現人多到無法進店，而直接坐在店外喝酒的狀態，一整個走廊陷入混亂；想要認識新朋友的話不妨在假日的前一夜前往，而相反地想和店主好好深交的，可選擇在平日前往。

53 GANG

20 30 40

- 名古屋市中区栄 4-13-18 栄スパークビル２Ｆ
- 052-251-0282
- 08:00pm ～ 03:00am，週五、六至 05:00am。週日公休，若隔天為假日則營業。
- 1600 円起
- 無
- 地下鐵榮站
- 先參考地圖找到「APA HOTEL」，面對飯店正門往左邊不斷直走 100 公尺（途中經過一個小路口），直到快接近盡頭時右側拱型造型玄關的大樓店家一覽中可見位在二樓的黑底橘色「GANG」logo。

化身Smooth Criminal

除了惡少幫派聯想不到其他的店名與logo，正是這家店的整體概念，店內微暗的燈光帶著強烈的張力投射在磚牆，店門一開，呈現在眼前的即是幫派電影中的一幕，一瞬間自己也好似化身為劇中角色，準備遭遇接下來每一個未知的遭逢。

不算新也不算舊的這家酒吧，從開店最初就將客層定位在如同logo上的鬢角大叔般「短髮、壯碩體型」，年齡層多以25歲起跳；不過名古屋人自己也知道在各大城市中處於什麼樣的地位，自嘲「名古屋被稱為壯碩體型的，對東京和大阪來說只能說是肥胖。」因此來客不見得各個都達到高水準條件；但別灰心，相差過大的也不會來到本店，可以保證的是至少絕不會有長髮傑尼斯小朋友飄進來！算是藉由logo與店名設計自動選出客層類型的很成功的例子。

擺脫了傳統酒吧慣有的內裝，藉由線條色調組成電影場景般的氛圍；在這樣一個戲劇感強烈的空間中，讓人容易卸下心防，縮短來客們之間的陌生距離，交談起來也容易許多。只是當客人少的時候，空間有些大到感覺空曠，也許週末假日人多時前往比較能遇到多的人。

由於店齡還算小，從外地來名古屋長期居住的客人來到此店的不少，畢竟在外人難以打進內向不善交際的名古屋人圈圈中的情形下，一家容易進入、不會老是坐滿老客的酒吧，對遠赴而來的外地人來說是很重要的心靈寄託與情報交換站。交談前先探探對方是否為當地人，遇到外地人的話說不定會有意外的共通話題。

54 PANCRASE（パンクラス）

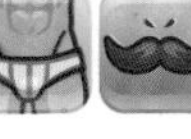
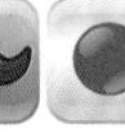

18 20 30 40

名古屋市中村区名駅南 1-14-11
052-541-1919
01:00pm ～ 10:00am
入場費 1800 円 + 入會費 500 円
www.panc.info
名古屋車站
請由車站斜對面極為醒目的螺旋狀大樓「モード学園」旁的道路直走，約 5 分鐘後會遇到一家位在路衝上的 7-11。跨過 7-11 前的人行道直走，遇第二個路口往左看去可見炸雞翅名店「風來坊」，對面灰牆建築即為本場。

名古屋最大發展場　巴西人特多

「Corona-Club（コロナクラブ）」和PANCRASE是名古屋的兩大大型發展場，但前者堂堂地拒絕外國人進入，因此PANCRASE成為名古屋最值得推薦的發展去處。名古屋因為汽車工業的關係，有非常多的巴西人與日系巴西人（在巴西土生土長的日僑）居住在近郊，因此在此常常能遇到日語講得不流利的巴西人，是東京和大阪都見不到的有趣情景。

進入後的流程和一般發展場沒有差別，要注意的是置物櫃的鑰匙不是像健身房一樣戴在手上，而必須在每一次開關後都交給櫃檯換取一個號碼手環，需要鑰匙時再用手環換回鑰匙，有點麻煩，但是更換時只要將手環或鑰匙擺在櫃檯上，工作人員就會自動來幫你換，不必擔心開口的問題。

本館另一個有趣的地方是除了冬季之外開放的屋頂發展場。位在市中心的這棟建築物周圍全為商業大樓，樓頂非常巧妙地將各個可能被看見的視角以竹籬或植物遮蓋著，於是屋頂上的人看得到四面八方，四周卻無法清楚看見樓頂上的人在做什麼，在這樣好似被窺視的環境中開打砲戰，相當刺激。

名古屋一帶的人們很不主動，要盡可能地積極去接觸對方。也正因為如此，包括置物櫃區，本館的空間設計都有種恰到好處的狹窄，容易藉由身體的碰觸來創造機會，是不同於大都會發展場的特殊「優點」；由發展場構造也可看出當地的性格，十分有趣。

包含了上述的巴西人，週末時的來客數是平日的約5倍，建議在週末時來消費較有樂趣。雖然第一次進入需要繳交500円的「入會金」（一年內有效），加上入場費即為2300円，感覺如果只是造訪名古屋這麼一次很不划算，但其實類似規模的其他場所（如大阪北欧館）通常也都是這個價位，就算只來這一次也不算太吃虧。

55 NLGR+

- 舉行時間：每年六月初
- 池田公園（愛知県名古屋市中区栄 4 丁目 19，該區域又名「女子大」）
- 搭乘地下鐵東山線或名城線在「榮」站下車，由 12 或 13 號出口（中日劇場）最近，徒步至公園約需 8 分鐘。
- nlgr.net

中部地區最大的
露天同志盛會

「NLGR+」是「Nagoya Lesbian & Gay Revolution Plus」的簡稱，主旨在於創造更多認識與了解多元性別、以及思考自身健康的機會，每年初夏在名古屋的夜生活大城「榮」中央的「池田公園」中，展開兩天一夜的活動。

場地雖然不算大，但內容豐富，兩天的活動中不僅有關於多元性別的各項演說與座談會，並邀集各種多元性別相關社團與企業在公園內設攤，包含以《Badi》為首的同志用品、服飾、影片、同志服務社團、全國各地同志中心（CBO，Community Based on Organization）、健康諮詢，也有算命、手語等攤位。台灣的紅絲帶基金會也多次在會場內設攤，提供實質國際交流的機會。

會場的舞台連續兩天馬不停蹄地呈現豐富的表演，舞蹈、歌唱、演奏等，看到同志朋友們多才多藝的一面，也有台下觀眾盯著台上心儀的表演者，結束後上前攀談交流，很容易就擦出火花。同志婚禮也是活動的重頭戲，親友前來回場給新人們打氣，會場中所有人給予祝福，場面感人。

第一天的夜晚雖然會場內的活動暫時結束，但是周邊的CLUB正如火如荼舉行「PIERROT」等活動，依活動性質（限男性／限女性等）於不同場地舉行，但各場地其實都在相距甚近，頓時小小街道上熱鬧非凡，十分養眼。其中「PIERROT」開放全性別進場，「でらっくす」為G-men系壯熊專門，「JUNGLE FEVER」有俊美Go-Go Boys上陣表演，「LOVE∞TRACK」為女同志專區。「PIERROT」在午夜結束後，可憑入場腕帶以優惠價進入「JUNGLE FEVER」，購買門票時最好先詢問清楚。（※此為2012年的情形。每年的設計會有所差異。）

在其他大城市的類似活動因為諸多問題規模縮小、甚至停辦的情況下，靠著志工朋友的共同努力維持下來的「NLGR+」是非常珍貴的大型同志活動，從東京或大阪專程而來的人更是不在少數。不只是會場，酒吧和發展場在活動的前一天和第一天晚上更是爆滿，是獲得豔遇的絕佳時機。若想參與盛會，千萬別忘了提早預約「榮」一帶的旅館。

◇溫馨提示：附有公共浴池的旅館，如Hotel Route-Inn Nagoya Sakae，夜裡湧進大量圈內人，可觀賞男體看到飽。

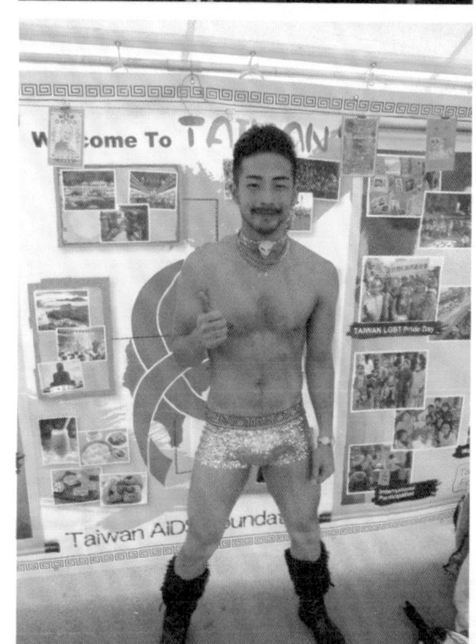

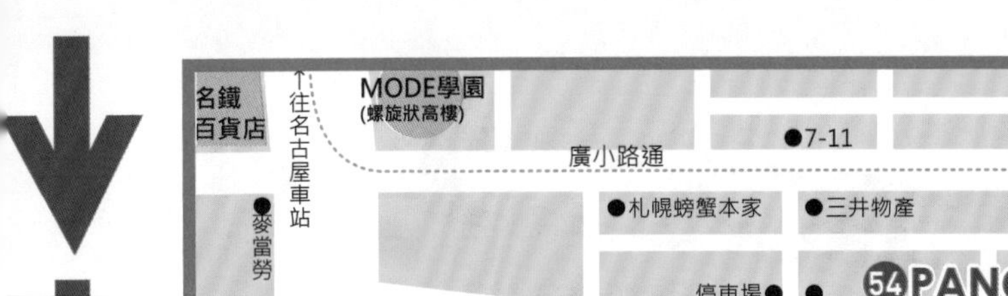

a
名鐵百貨店
↑往名古屋車站
MODE學園 (螺旋狀高樓)
7-11
廣小路通
麥當勞
札幌螃蟹本家
三井物產
三菱東京UFJ銀行
54 PANCRACE
停車場
停車場
LAWSON
風來坊

JR名古屋車站
名古屋
櫻通
丸之內
地下鐵櫻通線
久屋大通
高岳
地下鐵名城線
電視塔
名鐵名古屋
近鐵名古屋
NHK名古屋
OASIS 21
本町通
名鐵百貨店
a
名古屋藝術劇場
b
榮
錦通
地下鐵東山線
伏見
中部電力
廣小路通
名古屋東急飯店
三越
TOKYU INN 飯店
明治屋
丸榮
御園座
松坂屋
東海道新幹線
地下鐵鶴舞線
大津通

OASIS 21
名古屋藝術劇場
b
榮
錦通
地下鐵東山線
地下鐵名城線
麥當勞
摩斯漢堡
廣小路通
□12,13號出口
7-11
LAWSON
三越百貨
中日劇場
中區市役所
名古屋東急飯店
GANG
53
APA HOTEL
DailyYamazaki
LACHIC百貨
DailyYamazaki
HOTEL ROUTE-INN
the b/LAWSON
52
SHIMBA
拉麵店
55 NLGR+
松坂屋百貨
池田公園
51 豆句
Circle-K
RISE
警察局
瓦通
摩斯漢堡
FamilyMart

附錄1：關西旅遊資訊

【日本觀光簽證】

A 只要持有六個月效期以上之中華民國護照，就可免簽證在日本停留90天。

B【飛往關西機場航班】

チャイナエアライン（中華航空） www.china-airlines.com.tw

ピーチ航空（樂桃航空） www.flypeach.com

ジェットスター航空（捷星航空） www.jetstar.com

日本航空（日本航空） www.jal.com

キャセイパシフィック航空（國泰航空） www.cathaypacific.com

トランスアジア航空（復興航空） www.tna.com.tw

エバー航空（長榮航空） www.evaair.com

全日本空輸（全日空航空） www.ana.co.jp

【住宿】

住在哪些車站附近的飯店，離同志遊點較近？

- ●大阪：「梅田」、「中津」、「難波」站周邊酒吧與發展場最多。
- ●京都：同志遊點集中在「河原町站」周邊，並鄰近祇園、八坂神社、清水寺等著名景點。
- ●神戶：同志遊點集中在「三宮站」周邊，到神戶主要觀光點都很方便。

【日圓兌換】

在當地哪裡可以換錢？

●大阪：

①三井住友銀行梅田外貨両替コーナー（阪急電車、地下鐵「梅田站」交接處）

②東京三菱UFJ銀行ワールドカレンシーショップ　梅田北店（Yodobashi Camera地下二樓）

●京都：

①三井住友銀行四条外貨両替コーナー（阪急電車「河原町站」1號出口直達）

②東京三菱UFJ銀行外貨両替ショップ京都店（阪急「烏丸站」、地下鐵「四条站」1號出口直達）

●神戶：三井住友銀行三宮外貨両替コーナー（神戶Marui百貨旁）

【日圓種類】E

多少錢大概能做什麼？

紙幣

10000円：一個人在膠囊旅館住兩晚

5000円：買1～3部二手G片

2000円：發展場的平均入場價位

1000円：一件「六尺褌」的平均價位

硬幣

500円：吉野家中碗牛丼套餐一份

100円：在自動販賣機買一小罐咖啡

10円：使用一次發展場的投幣式鞋櫃

5円：在神社丟擲到賽錢箱中（「5円」和「ご（ごえん）同音」，祈求與神結緣）

1円：什麼也不能做

F【時間】

時差：和台灣差一小時。例如：日本的8點是台灣的7點。

時間標示：店家的營業時間若標示「25:00」，指的是深夜1點。

時間觀念：準時是理所當然的，和人約定時間在10分鐘前抵達為最佳，就算遲到3、5分鐘也要儘速聯絡。

G【氣候】

春：三月雖是春天但還是很冷，賞櫻時還是要穿外套的。

夏：六月梅雨季較涼，七月以後氣溫30℃以上是常有的。

秋：九月仍然很熱，到了十、十一月稍微涼爽一些，是名符其實的「秋高氣爽」，也是發展的好時期。

冬：十二月氣溫已經到10℃左右，二月最冷，常在5℃上下，但很少降到零度以下。京都較常降雪。

H【電壓】

日本的電壓是100伏特的。頻率有兩種，東日本的頻率是50Hz；而包括名古屋、京都和大阪在內的西日本，頻率是60Hz。有規模的飯店會準備變壓器。插座是雙平腳插座。圓柱形插頭和三平腳插座插頭在日本是無法使用的。建議您事先買好轉換插頭。（參考資料：日本國家旅遊局網站）

I【飲水】

日本的自來水基本上是可以直接飲用的；不適合飲用的時候，水龍頭旁常會有明顯標示。但不必擔心「廁所的自來水可以喝嗎」這樣的問題，因為廁所不是喝水的地方。

J【機場與市中心之間交通】（由關西機場前往各地）

●**電車：**有JR與南海電車兩種選擇。

JR的「関空快速」和「関空特急 遙（Haruka）」可到大阪市內。後者最遠可搭到京都和滋賀，但價格稍高，適合抵達後直奔京都的行程。

南海電車的「空港急行」和「特快rapi:t電車」可到難波。後者有著如「鐵人28號」面部的特殊造型車頭，自關西機場到終點大阪難波約34分鐘。

持有關西周遊卡（KANSAI THRU PASS）可搭乘南海電車，但搭乘「特急rapi:t電車」指定坐席時，需另加特快費用。

●**機場巴士：**京阪神皆有直達路線，關西機場到大阪梅田需約1小時。可視飯店位置便利性考慮搭乘。

【計程車】

K

計程車依里程計價，起價依各都會區不同及車種（中型車、小型車等）不同而異，跳表價格通常會貼在門上，上車前最好看清楚。上下車時，司機會操縱後車門開關，不需動手開門。

【公車】 L

●**大阪：**市內電車路網十分發達，幾乎沒有搭乘公車的需要。

●**京都：**市內只有兩條地鐵線，觀光主要倚賴公車與計程車。本來就不寬闊的京都馬路，一年到頭湧入大量觀光客，來往著名景點的公車內常沒有座位，塞車狀況嚴重時常常影響行程，夏天或雨天更是折磨人；事前研究公車路線是規劃行程時的必要課題。

●**神戶：**市內的公車對觀光客而言不起作用，但繞行各個景點的觀光小巴CITY LOOP是個好選擇。

【電扶梯】

大阪與日本其他地方不同，電扶梯靠右站。原由其中一說是因為在1970年代大阪主辦萬國博覽會時，為了確保大量人潮的安全，參考了他國靠右站的習慣。

有趣的是一出了大阪（例如到了京都），大家又回到了左邊（東京基準）。

更有趣的是，搭電扶梯時靠右站，到了地面後大家卻又自動靠左走。

【網路】

絕大多數的飯店都設有一般網路LAN接頭與Wi-Fi。日本觀光廳網頁詳細列舉了各種免費與付費Wi-Fi資訊：visit-japan.jp

【電話】

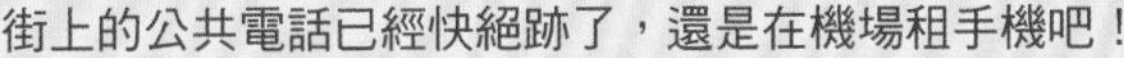

街上的公共電話已經快絕跡了，還是在機場租手機吧！

P

【台灣駐外單位】

台北駐日經濟文化代表處

外館緊急聯絡電話 (81-3) 3280-7917

旅外國人急難救助全球免付費專線 001-010-800-0885-0885

【節日與慶典】

在國定假日，各處車多人擠，特別是觀光勝地京都，總有排不完的隊與塞不完的車。但假日的前一晚，酒吧與發展場常呈現爆滿狀態，是獲得豔遇的好時機；相反地，假日的當晚則人去樓空。

●國定假日

元旦	1月1日
成人節	1月第二個週一
建國紀念日	2月11日
春分之日	春分日
昭和之日	4月29日
憲法紀念日	5月3日
綠之日	5月4日
兒童節	5月5日
海之日	7月第三個週一
敬老節	9月第三個週一
秋分之日	秋分日
體育之日	10月第二個週一
文化之日	11月3日
勤勞感謝之日	11月23日
天皇誕生日	12月23日

【花火大會與祭典】

密切鎖定日本浴衣男子提著和風小袋、大量出現街頭的時機！若自己也想穿浴衣共襄盛舉，最好向出租店家提早預約。無論是花火大會或祭典活動，結束後的人潮皆十分驚人，建議先計畫好置物地點、換裝方式和回程交通路線。

日期	內容
7月14-16日	京都 祇園祭「宵山」
7月17日	京都 祇園祭「山鉾巡行」「神輿渡御」
7月24日	京都 祇園祭「花傘巡行」
7月25日	大阪 天神祭奉納花火
8月第一個週六	神戶 みなとこうべ海上花火大会
8月第一個週六	大阪 なにわ淀川花火大会
8月第一個週六起約連續10天	京都 京の七夕
8月8日	滋賀 びわ湖大花火大会（大津市）
8月10日	京都 宇治川花火大会（宇治市）
8月16日	京都 五山送り火
8月第三個週六	大阪 猪名川花火大会（池田市）

※ 花火大會日程時有異動，請上官網確認。

T

【手機禮儀】

在電車、餐廳裡不使用手機通話、必須時到店外接聽來電是一般常識。

很少人會一邊行走一邊通話，即使接聽，也會找一個不干擾別人的定點。

即使只是上網，在不應該使用手機的場所（例如澡堂的休息室）使用手機會帶給他人困擾。

請在允許充電的地方充電。在餐廳等逕自使用店內插座充電可能會造成問題。

U【攝影禮儀】

基本上，未經允許而對著他人（例如帥哥路人、嬰兒車中的娃娃、寵物）攝影是很失禮的。

在電車、溫泉、發展場裡偷拍其他人，不但會被視為沒有常識，並可能被視為犯罪行為。

對店家商品攝影或拿著商品當道具（例如在環球影城拿未購買的玩偶）拍照會造成店家的困擾。

與其偷拍，不如直接確認可否攝影，反而較能得到善意回應。

V【公共交通工具禮儀】

車廂內兩側對坐交談、翹腳會造成其他人困擾。

博愛座通常會以不同顏色的椅墊標示。

雖然並無規定不可飲食，但在月台上或非劃位的普通電車中飲食是不雅的。

即使在劃位車廂中飲食，發出氣味的食物（例如炸雞、現做熱便當）會帶給他人困擾。

搭乘公共汽車時，待車停穩後再起身下車。

附錄2：關西必買・必吃20好物

Kansai Must-Buy & Must-Eat 20 For Gay !

❶ 章魚燒（たこ焼き） 大阪燒（お好み焼）

大阪大街小巷都有章魚燒和大阪燒店，與其告訴您哪家好，不如提供您幾個hint，讓您也可以像當地人一樣挑好店享好料：

大阪人教你如何挑間好店：

- 真正好吃的店面雖然看起來不一定乾淨，但具有當地人也會去買的感覺。
- 料的種類單純、不加些雜七雜八的，表示對自己的產品有信心。
- 不是章魚塊大就表示好吃，整體平衡很重要。
- 外皮要薄脆，內心要稠軟。
- 對大阪人來說，有的連鎖店貴得莫名其妙。

大阪人怎麼吃大阪燒：

- 基本上一個人吃一個。
- 將大阪燒像pizza一樣切成三角形不是當地的習慣。用小鏟子直橫切成易入口的大小即可。
- 不一定得用筷子和盤子，用小鏟子直接從鐵板上取來吃即可。
- 要挑好店，看該店用麼樣的醬料。有自信用自製醬料的店家通常很好吃。

❷ 551蓬萊

問大阪人「大阪的代表性土產是什麼」，10個人中有9個人會回答「551蓬萊」。經營者為台灣出身，大型車站裡皆可見到店鋪，顧客絡繹不絕。產品以外帶肉包和燒賣為主，還有冰品「アイスキャンデー(Icecandy)」。「551」是初期店家的電話號碼，並近似日文發音「這裡最好吃（ここがいちばん）」。

❸ 中華街熊貓

因為中華街的存在，神戶的文化中始終有「華」的元素。對日本人來說能直接聯想的「中華」符號即是熊貓了。其中最具有知名度的「神戸パンダサブレ（PANDA SABLE）」，造型渾圓可愛。

❹ 小熊土產

☆餅乾

「ケーニヒス クローネ 神戸に住んでる小ぐま」（住在神戶的小熊）

由神戶知名德式糕餅店「ケーニヒス クローネ」製作，小熊造型極為可愛。在大阪阪神百貨（梅田）、京都高島屋百貨（河原町）、神戶SOGO百貨（三宮）有店鋪。

☆蛋糕

「御影高杉 ベベウルス」（Bébé ours，小熊）

由神戶的法式糕餅店「御影高杉」製作的小熊蛋糕禮盒，包裝和蛋糕都極為高雅可愛。在大阪阪急百貨（梅田）和神戶SOGO百貨（三宮）有店鋪。

☆G用雜貨

G片王國KO COMPANY的直營店「KO SHOP」的「クマバチ（熊蜂）」系列雜貨，造型可愛帶有俏皮的關西風格。

☆櫻花熊

阪急電車神戶線的「夙川站」是極為知名的賞櫻景點，周邊商店與阪急車站出口的賣店中售有各種和櫻花有關的飾品，其中有櫻花圖樣的小熊相關飾品帶有濃濃季節感，十分可愛。

☆章魚燒熊

小熊化成章魚燒，擠進裝章魚燒的小船裡，模樣逗人。在心齋橋一帶的紀念品店比較容易找得到。

☆熊熊男

章魚燒熊的兄弟，胸前抱著一大粒插著牙籤的章魚燒，堂堂印上「大阪」兩字，可愛表情讓人莞爾。

❺ 布丁

☆神戶──神戶布丁

幾乎是和「神戶土產」劃上等號的甜點。口味和包裝很多，保存期限長為其特徵。Logo上為神戶名勝「風見鶏の館」的象徵圖案。在觀光名勝的土產店都可以買到。

☆京都——祇園布丁工房

口耳相傳的小店。布丁裝在小玻璃瓶中，精緻可愛，口感濃郁，遠方食客慕名而來。（另外，店員很可愛。）店鋪靠近「八坂神社」，從「祇園会館」旁巷子直進100公尺。（京都市東山区祇園町北側347-112）

❻ 香與香包

被異性戀社會壓得透不過氣嗎？您需要一些特殊的療癒。在日本「香道」中，香氣不是「聞」而是用「聽」的，是一種用心靈傾聽芬芳的藝術。京都的線香和香氛木的造型可愛典雅，氣味纖細清新，讓人忘卻疲憊與壓力。香包則是將多種香料混合裝入小袋子裡的隨身飾品。除了著名的老店松榮堂，京都擁有許多線香的專賣店，從檀香到沉香，各式各樣種類的香味都可以買到。

❼ 一澤信三郎帆布

外型簡潔、傳達出京都素雅氣質的一澤帆布是實用的京都旅行紀念品，本店剛好位在同志遊點集中的四条，到京都時可以順道前往。www.ichizawa.co.jp

❽ 日本環球影城紀念品

環球影城的「工作室東部禮品店」位於影城外，不必進園也能購物，營業到影城關門之後；從車站走往影城途中即可看見「STUDIO GIFTS」店招。從點心到文具、首飾、布偶、玩具等人氣商品一應俱全。

❾吉本興業相關紀念品

吉本興業培養了眾多優秀知名的搞笑藝人，當中不少在台灣播出的日本綜藝節目中也成為熟面孔。以藝人肖像或表演笑梗為主題的紀念品在關西各地百貨和車站都買得到；而商品最齊全的就在吉本興業的劇場「花月」，在大阪難波、京都祇園四条車站旁的「花月劇場」規模都很大，知名的搞笑藝人也常來表演。

⑩ 草鞋飾品

本來是用來祝福小baby的草鞋飾品，漸漸成為各種祝福「成長」的象徵，在G圈內也因為草鞋粗獷質感與纖細織工成為人氣飾品。除稻草製草鞋外，具時尚感的布製品也受到圈內人歡迎。在京都的飾品店、大阪梅田的「茶屋町」雜貨店較容易買到。

⑪ 二手G片

西日本的大型G片製作公司集中在大阪，商品競爭激烈，新片源源不斷，於是二手片的轉賣十分普及。在同志商店中必有二手片特惠專區，尤其是G片公司直營或合作的商店中，即便是發片不久的新片也有可能用比市價低很多的價錢購買到，光是挑片就讓人萌生慾火。

⑫ 男性專門百貨

在梅田地標摩天輪旁、緊鄰堂山的「阪急百貨店メンズ（MEN'S）館」中，網羅了本地Gay們愛用的服飾，一整館沒有女貨，男店員們個個好氣質，逛起來舒暢過癮。在梅田一帶地下街循往「HEP FIVE」或「HEP NAVIO」方向路標可以較容易地找到。

⑬ 褌

受到京都一年中舉行眾多祭典的影響，日式丁字褲「褌」在關西一帶十分普及，幾乎各G商店都以平價販售，品質與設計也獨具一格。想為自己探索新世界的您，不妨從選購一件自己的「褌」開始。

⑭ ビリケン（Billiken）

圓圓壯壯、眼睛細細、從美國來的「幸福之神」，為大阪象徵之一、展望塔「通天閣」的代表吉祥物，2008年（平成20年）時度過了100歲的生日，據說撫摸祂的腳底能讓願望實現。「通天閣」（地下鐵堺筋線恵美須町站）的周邊商店皆販售相關紀念品。

⑮ グリコネオン紀念品

所有電視節目提到大阪時，帶出的第一個代表畫面不是大阪城，而是位在道頓堀的「グリコネオン」，也就是glico食品的巨型霓虹看板。自昭和10年（1935年）起，高舉雙手的巨大跑步男身影一直映在道頓堀河中，人人在此照相留念，是大阪最具代表性的一景。它的相關紀念品在紀念品在glico的專門店「ぐりこ や」買得到。

⑯ 不太一樣的土產……

☆面白い恋人

知名的北海道巧克力餅「白い恋人」前面加了一個「面」，成了「面白い恋人」，意思也從「白色戀人」成了「搞笑戀人」，是吉本興業的惡搞創意，非常「大阪」。後來被「白色戀人」提告後反而知名度大增，一躍成為大阪的代表紀念品之一。

☆狐狸煎餅

京都「伏見稲荷大社」著名土產，特殊的狐狸面部造型，十分特殊，有種捨不得吃下去的感覺；帶有「白味噌+胡麻+砂糖」的爽口風味，是京都人推薦的土產之一。搭乘JR奈良線的「稲荷」站或京阪電車的「伏見稲荷」站下車，往山側徒步約5分即達。

⑰ 大阪味搞笑雜貨

以豪放的字體寫著讓日本人也笑出來的大阪方言，像是「好きやねん！（好喜歡你！）」、「なんでやねん！（什麼呀！）」等代表方言，種類繁多，有扇子、T恤、貼紙、牙刷、煙灰缸、門簾、寵物服、還有綜藝節目中用來打頭的「ハリセン」，大阪的搞笑精神發揮得淋漓盡致。上圖的緊身短褲，正面寫的是「立ち位置おかしい（「站」錯位置了吧！）」，背面是「ここがセンター」（這裡才是中間！），是雙人相聲裡經常出現的一句話，令人忍不住莞爾。

⑱ 同志會話帳

東京有教人如何用英文介紹新宿二丁目的書《英語で新宿二丁目を紹介する本》，大阪的同志中心「dista」也不遑多讓地推出教人如何用外語和同志溝通的《Kansai Gay Scene》採對照方式彙整了實用同志用語。在「dista」的網站上有該手冊的介紹。

⑲ 古書

「阪急三番街」後段的「古書のまち」中有如同東京的「神保町」的十數家販賣古書的專門店，含括工藝、美術、科學、演藝、歷史、音樂…等各領域，舉行「裸祭」的四天王寺在春秋兩季舉行大型古書市場，在偌大寺院中尋「寶」，極富情趣。

⑳ 有點不一樣的「御守」

●京都——安井金比羅宮「悪縁切御守」

求戀愛運的御守很常見，但希望將惡緣切斷的卻很稀有。不只戀愛，也可用於令人困擾的人際關係。

位置：約在八坂神社與清水寺之間，從「東大路通」上「祇園變電所」路口進入。

●大阪——日根神社「安眠御守」

日本唯一守護枕頭與床的神社。除枕頭形狀的御守外，還有「守護枕頭套」，也許真會帶來好眠。

位置：關西機場附近的「泉佐野」站或「日根野」站搭「南海巴士21號」公車，「東上」站下車。

●京都——御髮神社「梳子御守」

日本唯一守護頭髮的神社。推薦給美髮相關業者，或是單純為髮而困的您。梳子型的御守小巧可愛，卻也帶來一絲複雜心情。

位置：到嵐山時搭乘「嵯峨野観光鉄道」小火車，在「トロッコ嵐山」站下車即達。

※御守販賣只到下午三點。

●大阪——綱敷天神社

分為「御本社、御旅社、齒神社」三處，是離堂山最近的神社，當中的「齒神社」專門守護牙齒。

位置

御本社：前往發展場「G-area」的路上（參考77頁）

御旅社：經由「阪急三番街」前往「中津」的路上（參考60頁）

齒神社：從堂山町路口可見到、寫著「JR大阪站←400m」的高架JR鐵道下方往「EST」商場左進，遇UNIQLO梅田店即可見到該店旁邊小小的神社。

※御守只在「御本社」販賣。

附錄3：釣人專用　日語會話教室 關西腔版！

熱情有勁關西腔 讓關東人也絕倒！

對關西人說關西腔，就像是對台灣人說台語，帶出一股親近感，讓你瞬間縮短與對方的距離，試著說幾句，效果好驚奇！（用手指按住想說的那句話，也可以和關西天菜帥哥談心事、話家常喔！）

※關東與關西地區發音通用之會話，請參閱本書姊妹作《男X男自由行：東京》。

一般問候／在酒吧

好喜歡你！

すきやねん！

sukiyanen!

你很優（我能跟你做）。

自分イケるわ。

jibun ikeruwa.

※姿態較高的口吻
※「自分」可指「我（說話的人自己）」，也可指「你（對方）」。

很好笑！／很有趣！

おもろいなぁ！

omoroinaa!

什麼呀！

なんでやねん！

nandeyanen!

※原為「為何會這樣呢？」之意，多以「你在說什麼呀？」之意來回應好友玩笑。

真的嗎？
ほんま？
honma?

不對不對。／不是不是。
ちゃうちゃう
chauchau.

對呀。
そやで。
soyade.

超…
めっちゃ
meccha...

是這樣啊！
そうやったんや！
souyattanya.
※聽了說明或理由後表示同意、了解的回答。

有年紀的男人
おっちゃん
occhan
※小心使用

那麼……
ほな…
hona......

你（心眼）很壞耶。
いけずなんやから。
ikezunanyakara.
※開玩笑地

太好了！
ごっつえぇ！
gottsu ee!

真糟～ 好壞～
えげつな～
egetsuna~

您是從哪裡來的？
どっからですか？
dokkara desuka?
※酒吧店主通常說的第一句寒暄

您要喝什麼？
（お飲物は）なんにされますか？
(onomimono wa)nan ni saremasuka?

加冰塊 / 加水 / 加蘇打水
ロック / 水割り / ソーダ割り
rokku / mizuwari / so-dawari

這是今天的下酒點心。您要哪一種？
今日のつきだしです。なんにされますか？
kyo no tsukidashi desu.nan ni saremasuka?
※酒吧店主拿菜單請你選擇時

你的日文真好呢。
日本語うまいね。
nihongo umai ne.
※就算只會說一兩句日文，多數日本人還是會稱讚你。請大膽地說吧！

我只會說一點。
ちょっとだけ。
chotto dake.

您很優呢。
カッコえぇな～
kakko ee naa.

不不，沒有啦……
いえいえ、そんな……
ieie, sonna...

在三溫暖／發展場／愛愛中

要不要跟我做？
やらへんか？
yarahenka?

可以kiss嗎？
キスしてえぇ？
kiss shite ee?

讓我上你！
やらせろや！
yaraseroya!
※命令、要求

讓我幫你口交吧。
しゃぶらして。
shaburashite.

讓我摸你吧。
触らして。
sawarashite.

讓我舔你的屌吧。
チンコ舐めさして（くれ）。
chinko namesashite(kure).
※語尾加上「くれ」為要求口氣

你的屌好大唷！

ちんちんでかいな！/ちんちんでかっ！

chinchin dekaina! / chinchin deka!

※驚訝地

我幫你舔屌吧？

チンコなめよか？

chinko nameyoka?

我來插你吧？

いれたろか？

iretaroka?

可以啊。 / 好啊。

えぇよ。

eeyo.

把套子戴上吧。

ゴム付けて。

gomu tsukete.

你看你淫水都流出來了～

先走り出てるでぇ～

sakibashiri dete ru deee~

可以插進去嗎？（1號問0號）

入れてえぇ？

irete ee?

插我吧！（0號對1號）

掘ってくれ！

hotte kure!

超色
どすけべ
dosukebe

好色喔。好淫蕩喔。
エロいなぁ。
eroinaa.

好舒服。
気持ちえぇわ。
kimochieewa.

好像快射出來了！
出そう！/いきそう！
desou! / ikisou!

不行！
あかん！
akan!

要不要再來一次？
もう一回やらへん？
mouikkai yarahen?

一起打手槍吧？
一緒にせんずりこかへん？
issho ni sennzuri kokahen?

沒關係。/沒差。/別介意。
かまへんよ。
kamahenyo.

去沖澡吧？
シャワー行こか？
shawa- ikoka?

同遊常見單字

Gay，男同志
こっちの人
kocchi no hito
※圈內人用

異性戀者
ノンケ
nonke

同性戀
オカマ
okama
※帶有歧視意味

男大姐
オネエ
o ne e
含括變性者、女裝家到同性戀者常帶歧視意味的粗略統稱。

著女性服飾的男人
女装家
josouka

扮裝皇后（DRAG QUEEN）
ドラァグクイーン
doragu kuiin

男同志酒吧，Gay Bar
バー/お店/飲み屋
ba- / omise / nomiya

觀光Bar，女性或異性戀也可消費的Gay Bar
観光バー
kankouba-

（大阪）堂山
（大阪）堂山
(Osaka) Douyama

（新宿）二丁目
（新宿）二丁目
(Shinjuku) Nichoume

（名古屋）女子大
（名古屋）女子大
(Nagoya)Joshidai

Gay Bar的店主
マスター/ママ
masuta- / mama
※稱呼因店而異

Event，活動、圈內夜店活動
イベント
ibento

發展場
ハッテン場
hattenba

做愛
エッチ
ecchi

屁股 / 屁眼
ケツ/ケツ穴
ketsu / ketsuana

屌
チンコ/チンチン/チンポ
chinko / chinchin / chinpo

1號 / 0號 / 10皆可
タチ/ウケ/リバ
tachi / uke / riba

便於在發展場內攜帶的小包，可裝潤滑液與保險套
発展ポーチ
hatten po-chi

泳褲 / 短版泳褲 / 內褲
水着/競パン/下着
mizugi / kyou pan / shitagi

潤滑液
ローション
ro-shon

以2m-3m長方形布繫成的日式丁字褲
六尺褌
rokushaku fundoshi

只需將腰帶纏住腰部的簡便式日式丁字褲
黒猫褌
kuroneko fundoshi

網路交友常見單字

目的只為打砲，非為交友或戀愛
ヤリ目
yari moku

1號 / 0號 / 10皆可
凸 / 凹 / 回

※網路上只以漢字表示的非口語用法

自己有車可以移動 / 移動不方便
足あり / 足なし
ashi ari / ashi nashi

可提供打砲的地方 / 沒有打砲的地方可提供
場所あり / 場所なし
basho ari / basho nashi

一般常見單字

章魚燒
たこ焼き
takoyaki

御好燒・大阪燒
お好み焼き
okonomiyaki

加入炒麵的御好燒
モダン焼き
modanyaki

青海苔
青のり
aonori
※加在章魚燒或御好燒上，店家會向客人確認是否要灑上

大阪著名土產「551蓬萊肉包」
551
Gogoichi

麥當勞
マクド
makudo

Mister Donut（甜甜圈店）
ミスド
misudo

大阪環球影城
ユニバ / ユニバーサル/ USJ
yuniba / yuniba-saru / USJ

星巴克
スタバ
sutaba

和服
着物
kimono

夏季或沐浴後穿著的輕便和服
浴衣
yukata

將和服正確地穿好
着付け
kitsuke

散步
散策
sansaku

特惠活動
キャンペーン
kyanpe-n

服務，店家招待
サービス
sa-bisu

出租
レンタル
rentaru

禮物，贈品
プレゼント
purezento

土產
おみやげ / お土産
omiyage

原創
オリジナル
orijinaru

商品，用品，雜貨，紀念品
グッズ
guzzu

套裝，組合	來回 / 單程	入住 / 退房
セット	**往復 / 片道**	**チェックイン / チェックアウト**
setto	oufuku / katamichi	check in / check out
當天來回	(三)天(兩)夜	1月1日前後約一週的跨年期間
日帰り	**(二)泊(三)日**	**年末年始**
higaeri	[ni]haku [mi](k)ka	nenmatsu nenshi
賞櫻花	節慶祭典	煙火大會
お花見	**お祭り**	**花火大会**
ohanami	omatsuri	hanabi taikai

旅遊者常用地名與交通詞彙

関空	Kanku	關西機場（関西空港, Kansai Kuukou）的簡稱
キタ	Kita	以梅田為中心的大阪市北部商圈
ミナミ	Minami	以難波為中心的大阪市南部商圈
梅田	Umeda	大阪北區商業中心，即「JR大阪車站」一帶
中津	Nakatsu	梅田站的鄰站，有幾家發展場與商店，緊鄰數間常有出差上班族住宿的飯店。
阪急三番街	Hankyu sanbangai	梅田與中津之間，阪急電車鐵道下方的地下商城
HEP FIVE観覧車	HEP FIVE　kanransha	靠近堂山的商城「HEP FIVE」屋頂的紅色摩天輪，在梅田可做問路時的標的物。
難波/なんば	Namba	大阪南區商業中心；常不以漢字而用「なんば」標示
道頓堀	Doutonbori	著名的照相景點「glico跑步男霓虹看板」與「螃蟹道樂」所在的地區

河原町	Kawaramachi	京都市內Gay吧與發展場聚集區域；阪急電車京都線終點站
祇園四条	Gion shijou	京阪電車站名；下車度過鴨川即為河原町
鴨川	Kamogawa	許多人在沿岸散步、約會的京都代表河川
高瀬川	Takasegawa	鴨川旁沿岸Gay吧群集的小運河
宝塚	Takarazuka	寶塚（地名/歌劇團）
三宮	Sannomiya	神戶市繁華區；Gay吧聚集區域
神戸中華街	Kobe chukagai	神戶中華街
ラピート	Rapi-to	南海電車所營運的〔關西機場－難波〕機場特快車
はるか	Haruka	接駁關西國際機場與大阪、京都等地區的JR機場特快車
特急（列車）	Tokkyu (ressha)	停車站最少、最快抵達終點的列車（有些路線需另加費用）
普通（列車）	Futsu (ressha)	各站停車的列車
地下鉄	chikatetsu	地下鐵
御堂筋線	Midousuji sen	連結新大阪、梅田與難波的大阪市地下鐵御堂筋線
JRゆめ咲線	JR yumesaki sen	從「西九条」站通往大阪環球影城的JR路線
エンジョイエコカード	Enjoy Eco Card	大阪市營地下鐵與公車一日乘車券
スルッとKANSAI	Surutto Kansai	KANSAI THRU PASS周遊乘車卡
乗り換え	norikae	轉車
終電	Shuden	末班車

國家圖書館出版品預行編目資料
男 X 男自由行：關西 / 關西 G 遊觀光連盟著 .
- 初版 . 一台北市：基本書坊出版，2013.6
240 面； 14.5*20 公分 . --（G+ 系列；A019）

ISBN 978-986-6474-43-9（平裝）

1. 旅遊 2. 商店 3. 日本關西

731.759 102008873

指男針系列　編號A019

男x男自由行：關西

關西G遊觀光連盟 著

責任編輯　邵祺邁
視覺構成　孿生蜻蜓
圖示繪製　Suky.P、吉米

企劃・製作　**基本書坊**

編輯總監　邵祺邁
首席智庫　游格雷
業務主任　蔡小龍
行銷企劃　小小海
系統工程　登山豪

通訊　11099台北郵局78-180號信箱
官網　gbookstaiwan.blogspot.com
E-mail　PR@gbookstw.com
劃撥帳號：50142942　戶名：基本書坊

總經銷　紅螞蟻圖書有限公司
地址　114台北市內湖區舊宗路二段121巷19號
電話　02-27953656
傳真　02-27954100

2013年6月1日　初版一刷
定價　新台幣380元

ISBN 978-986-6474-43-9